Un libro
del

imaginador

Primera edición: febrero de 1999

I.S.B.N.: 950-768-255-4
Se ha hecho el depósito que establece la Ley 11723

Buenos Aires - República Argentina
IMPRESO EN ARGENTINA
PRINTED IN ARGENTINA

La imagen de tapa es un fragmento del cuadro
"La hamaca"

del pintor francés
JEAN-HONORÉ FRAGONARD
(1732-1806)

Mi reconocimiento a Armando V. Pérez por la obra que a través de TSU cosméticos, está haciendo en favor del libro, de los autores y de la gestación de lectores en todo nuestro país.

Luis Hernán Rodríguez Felder

La presente edición de esta obra ha sido imaginada en

Actitud Imaginador

La **Actitud Imaginador** expresa el intento de producir una revolución en la transmisión de la creación en lengua escrita a las presentes y futuras generaciones.

La **Actitud Imaginador** es una actitud de recreación, de reimaginación de las obras en lengua escrita de la cultura universal, para lograr que sean leídas o releídas sin dificultades, es decir, con placer, por los lectores contemporáneos.

Es una **Actitud** que implica hacer legibles las obras del pasado para la mayoría, así como preservar las obras en su escritura original para una minoría dedicada a la investigación.

La **Actitud Imaginador** nace desde la lengua castellana rioplatense. Denotamos así el origen y el desembarco, asentamiento y existencia histórica de la materia con la que reimagina sus versiones para el siglo 21 quien trabaja con la **Actitud Imaginador** en su período fundacional.

Complementa este Proyecto el progresivo desarrollo de un **Diccionario de la Actitud Imaginador.** Este diccionario recogerá toda la experiencia de la nueva imaginación de las obras en su traslación de la lengua castellana de los siglos anteriores a la de la vigésima primera centuria.

actitud
imaginador

Quien trabaja con la **Actitud Imaginador** es necesariamente el autor de la versión de la obra que ha vuelto a imaginar bajo esta actitud.

Esto implica para el lector mantener una relación con quien vuelve a imaginar cada obra semejante a la que sostiene con un crítico: considerando el gusto personal de éste en cuanto a la cercanía o a la lejanía con su propio gusto y exigencias.

Acerca de la felicidad
de Madame Du Châtelet,

a partir del original en lengua francesa:
Discours sur le bonheur

fue reimaginada en
Actitud Imaginador
por

LUIS HERNÁN RODRÍGUEZ FELDER

para la Versión **1.0**
del siglo 21

VERSIÓN
1.0

Grupo
imaginador
de ediciones

Buenos Aires

Emilia
Madame Du Châtelet

Cerebro y corazón,
brújula y viento.

Navegamos de diferentes maneras sobre el vasto océano de la vida; la inteligencia es la brújula, pero la pasión es el viento. No es sólo en la calma donde uno encuentra a Dios. Él marcha también sobre las mareas, sobre los vientos.

Pope
Ensayo sobre el hombre

Relato de
Luis Hernán Rodríguez Felder

Gabrielle-Emilie nació el 17 de diciembre de 1706 en Le Tonnelier de Breteuil, una comarca francesa que lleva el nombre de su familia, parte de una nobleza que para ese entonces había perdido poder y sólo proveía de oficiales a los regimientos y de funcionarios a la administración real y tenía negado el acceso de sus mujeres a la corte de Versalles, el mágico palacio de Luis 14.

Emilie será entre nosotros Emilia.

Aunque Emilia casi nunca fue en realidad Emilia. Porque era costumbre en esa época que nadie utilizara los nombres para llamarse o al conocerse, ni aún entre hermanos. Su compañero de toda la vida siempre la llamó Madame, Señora.

Emilia

Encadenamientos imperceptibles hacen que los días vayan pasando, y no no nos damos cuenta que hemos vivido.

EMILIA

La educación de las mujeres

GRABADO DE MARGARET J. DICKSSE

Dicen que Emilia era una hermosa mujer, no tan bella como una cortesana al estilo de Madame Pompadour, la amante de Luis 15, y tampoco rigurosamente elegante, ya que para lograr serlo hay que dedicarle a eso la vida. Le gustaban mucho la ropa, las alhajas y los hombres. Alguien que también era una mujer, la describió como delgada, seca, chata, con brazos y piernas grandes, cabeza diminuta, ojos pequeños verdes mar, malos dientes, cabello oscuro y piel morena, vanidosa, recargada en el vestir y descuidada en ciertos detalles del aseo cotidiano. Alguien que no era una mujer y que la vio una mañana en su lecho, mencionó lo dulce de sus hermosos ojos y se refirió a su expresión como noble, y agregó enseguida, e inteligente y brillante.

Su juventud fue tumultuosa. Ella era apasionada, intensa, exagerada en todo. Se crió en una casona que daba a los jardines de las Tullerías junto a cuatro hermanos. La madre pertenecía a la antigua nobleza, y fue quien la educó en las maneras de una gran dama. El padre, el Barón de Breteuil, era "Introductor de Embajadores" o jefe del protocolo de Versalles, y fue quien le otorgó la educación más exigente que podía tener un varón de la época, porque las mujeres sólo aprendían del saber práctico de los criados para darles órdenes, si es que se les daba por eso.

Aprendió italiano, inglés, latín. Y no quiso estudiar el español porque le aseguraron que el único libro con algún valor en esa lengua era vulgar.

A los diecinueve años, Emilia, la Señorita de Breteuil, se casó con el Marqués Du Châtelet, de treinta años, coronel de un regimiento y cabeza de una familia tradicional de soldados que exhibía la flor de lis en su escudo de armas. De él ella adquirió el privilegio reservado a las duquesas de sentarse en presencia de la reina y de poder viajar como su dama de compañía. Además de unas tierras descuidadas que daban poca renta y un castillo en pésimo estado, en la campiña de Cirey.

En los primeros años de matrimonio nacieron dos hijos, un varón y una mujer. Productos de relaciones esporádicas, entre períodos dilatados, ya que al marqués sólo lo apasionaba el ejército y estaba por lo general lejos, en una u otra guarnición. Por lo que Emilia debió arreglarse sola para casi todo. De esos tiempos se conoce lo que se divulgó después como "el episodio del sirviente".

Un hombre joven, posiblemente señalado por ella para que lo tomasen como servidor de la casa, fue requerido a sus habitaciones el primer día. Mientras le daba instrucciones en cuanto a las tareas, en un momento dejó que se deslizara el camisón a lo largo de su cuerpo y permaneció así, inmóvil y desnuda ante él hasta que le ordenó irse.

Al día siguiente volvió a requerirlo. Cuando le permitió pasar a su habitación más íntima estaba en la bañadera y su desnudez era visible a través del agua, sin enturbiar aún por el jabón o las sales de baño. Le mandó entonces que volcara en ella el contenido de una marmita con agua caliente porque ya estaba sintiendo frío. Y cuando el joven se aproximó le indicó con un ademán

El Marqués Du Châtelet era el hijo mayor y heredero de la casa Du Châtelet. Heredó el título de marqués de su padre, además del oficio de militar y una serie de posesiones en el noroeste de Francia. Pertenecía a la nobleza de tradición militar.

El matrimonio de Emilia y el Marqués tuvo tres hijos: Gabrielle Pauline, nacida en 1725; Florent Louis, en 1727; y un tercero que moriría a los pocos meses de nacido, en 1734.

Emilia le entregó un sobre...

que la echara en el hueco entre sus piernas, después de abrirlas sin pudor ante los ojos azorados de éste.

Poco después se supo de la existencia de un amante, el Marqués de Guébriant, a causa de un suceso que no fue desconocido para la servidumbre porque puso en peligro la vida de la Señora. Acontecimiento fuera de lo común que también se murmuró y trascendió.

Resulta que al tiempo de visitas más o menos furtivas, el marqués abandonó a Emilia por otra amante. Y pese a los ruegos de aquélla, la decisión se entrevió irreversible. Por lo que Emilia le solicitó que se viesen por última vez, sin ruegos ni reproches, sólo para una despedida formal entre una dama y un caballero que se habían conocido hasta tal punto.

La velada transcurrió efectivamente en paz. Como se había prometido. Sin llantos, sin recriminaciones, con cortesía y quizás aún con afecto. Cerca de la medianoche ella quiso tomar un poco de una sopa suave que se hizo traer, para tener algo en el estómago antes de irse a dormir. Y le pidió a él que se la sirviera en un tazón.

Poco después se despidieron. Emilia le entregó un sobre con unas palabras para que las leyese y se dejó besar el dorso de la mano con una semisonrisa.

Afortunadamente el marqués era curioso. Tal vez esperase alguna muestra de rencor en aquella mujer tan enigmática y tan sola, o un recuerdo para vanagloriarse de la conquista. Pero palideció al leer que la sopa aquella estaba envenenada y que ella había decidido morir a manos del que era su amor.

Corrió de vuelta entonces y encontró casi en agonía a Emilia. Despertó a los sirvientes, llamó a los médicos y lograron salvarla.

Aunque de todos modos la relación concluyó allí.

Hubo de inmediato otro amante, pero éste le duró toda la vida, aunque después del ardor transformado en amigo: el Duque de Richelieu, un hombre que supo deshacer el nudo amoroso que ella había tejido y reemplazarlo por un lazo de afecto, sin grandes pesares.

Richelieu descendía de una hermana del famoso cardenal que inmortalizara Dumas en "Los tres mosqueteros", pero su título provenía del mérito y no de la sangre, lo que lo hacía sentirse inferior a los demás duques. Sin embargo, esto no le impidió ser un gran seductor y cazador de esposas, un soldado muy audaz y con buena fortuna que se apasionaba con el saqueo, el pillaje y las violaciones después de las victorias, un hechicero por el que se desvivían las mujeres, un bromista de agudo ingenio que hizo reír hasta las lágrimas al regente que sucedió a Luis 14 y al tímido Luis 15.

Ninguna dama de la corte, antes o después de sus bodas, dejó de pasar por el lecho del duque o de recibirlo en el propio. No se podía ser alguien en esos círculos sin haber sido antes su querida. Y que se supiese o se musitase acerca de ello completaba la costumbre del episodio.

Richelieu poseía esos matices imprescindibles en los perpetradores del

La coquetería, el desdén, todo nos consuela de la pérdida de un amante.

EMILIA

Creo que valgo realmente algo desde que empecé a pensar que Usted siente por mí una amistad sólida, y necesito mucho control para no sentirme insoportablemente vanidosa.

CARTA AL DUQUE DE RICHELIEU, MAYO DE 1735.

EL DUQUE DE RICHELIEU (1696-1788) FUE GOBERNADOR DE PROVINCIAS Y MARISCAL DEL EJÉRCITO, ADEMÁS DE MIEMBRO DE LA ACADEMIA DESDE MUY JOVEN.

No creía que la amistad pudiese causar un dolor tan excesivo.

EMILIA

Me entrego a la sociedad sin que me agrade demasiado.

CARTA DE EMILIA AL ABAD DE SADE, TÍO DEL CONOCIDO MARQUÉS DE SADE, Y AMIGO DE ELLA Y DE VOLTAIRE. DICIEMBRE DE 1733.

amor: era sólo lo necesariamente instruído, tozudo para lograr siempre la victoria en la conquista, un tanto fanfarrón y exagerado, murmurador de sucias palabras con el aliento sobre los bucles, tierno y duro, proclive a matar competidores en duelo y a raptar esposas bellas escabulléndoselas a los maridos. Y además, y por sobre todo, hacía reír a sus amantes y les narraba historias mientras las transportaba entre jadeos hasta las estrellas.

Éste fue el segundo amor clandestino que se le conoció a Emilia. Y fue breve, aunque perduró en ella.

Después, entre uno y otro parto, y la posterior recuperación de cada uno, Emilia vive en París y lleva una vida mundana de gran intensidad.

Va al teatro a ver óperas, frecuenta los salones y las tertulias de moda, y también otros ambientes más ocultos y más desenfrenados, que le dan una reputación de frivolidad y hasta de imprudencia y falta de recato.

La Condesa de Genlis escribió en una de sus obras que era costumbre, hacia el 1730, que las jóvenes mujeres se desvanecieran de admiración ante la presencia de un tal Francisco-María Arouet, conocido en realidad por el nombre a secas de Voltaire, uno de los más grandes intelectuales franceses del siglo dieciocho, quien ya para ese entonces, a sus cuarenta años, había escrito una serie de obras de teatro de enorme éxito. Estos soponcios de las muchachitas pudientes ante hombre tan brillante cumplían con la exigencia del esnobismo y la moda de esa época. No había una que no se vanagloriara de guardar en su corazón las palabras del ya ilustre poeta y dramaturgo, quien, acostumbrado a estos halagos, los aceptaba con el escepticismo del que no se ilusiona con la sinceridad de semejantes demostraciones.

Pero cierto día de principios de 1733 no pudo ocultar la sorpresa ni disipar el asombro que le sobrevino cuando una de aquellas admiradoras, entrando en un salón donde él se encontraba, bien lejos de desvanecerse o de perder el aire, corrió hacia él, saltó sobre sus rodillas, le echó los brazos alrededor del cuello y lo besó en los labios.

Esta personita resuelta y desinhibida era la hija del Barón de Breteuil-Previlli, esposa del Marqués Du Châtelet.

Poco tiempo después, en uno de los anocheceres calurosos de mediados de ese 1733, una pareja de amantes, caballero y duquesa, acompañados por una joven señora de veintisiete años, atravesaron un vecindario pobre de París y se detuvieron ante un deplorable caserón, ubicado detrás del Hotel De Ville. El que los recibió, un hombre próximo a los cuarenta años, los comparó con los tres ángeles que se le aparecieron a Abraham. E insistió en ello cuando lo invitaron a una fonda de los alrededores a comer un espléndido fricasé de ave.

Él era Voltaire. Ella, la joven señora, era Emilia, la Marquesa Du Châtelet. Los otros, la Duquesa de Saint-Pierre y su amante, amigos de los dos.

Más vale vivir solo o con gente que piense como uno.

EMILIA

Voltaire

PINTURA DE LARGILLIÈRE

Confieso que es tiránica:
para hacerle la corte
hay que hablar de metafísica,
cuando uno apenas querría
hablarle de amor.

VOLTAIRE

Pope el inglés,
un sabio tan elogiado
por su moral,
embellecido en el Parnaso,
dice que los bienes,
los únicos bienes de la vida
son la paz, el bienestar
y la salud.
Él se engaña. ¿Cómo?
¿En el feliz reparto
de dones del cielo destinados
a la existencia humana, este
triste inglés no cuenta el amor?
Pope es digno de compasión:
no es feliz ni es sabio.

VOLTAIRE

Al otro día la duquesa recibió una carta de Voltaire que iniciaba con cierta timidez el cortejo a Emilia, ya que ésta debía enterarse necesariamente del contenido por hospedarse en su palacio. "*Ya no me atrevo a escribir en prosa desde que he leído vuestras cartas y las de vuestra amiga*", les escribió. Y de allí en más él fue también el amante de toda la vida de ella, puesto que permaneció a su lado hasta el fin.

¿Qué se daban uno al otro? Emilia era ya una intelectual de sólida formación, de brillante inteligencia, que a partir del nacimiento de su tercer hijo se había dedicado intensamente al estudio de las matemáticas. Era seguramente la única mujer en toda Francia capaz de comprender y discutir los recientes descubrimientos científicos de Newton y la teoría filosófica de Locke, de los que estaba impregnado Voltaire al regresar de un viaje a Inglaterra. Por lo que se sentía hechizada por él y por todo aquello que podía transmitirle y enseñarle.

Para Voltaire, a su vez, ella era el pase para rondar en las proximidades de la corte, y estaba orgulloso de tener como querida a una mujer que disfrutaba de tan alto rango social. Además, sus conquistas amorosas se reducían hasta entonces a encuentros esporádicos y superficiales con distintas mujeres de las que prácticamente no le quedaron más que vestigios. Incluso, un poco antes de conocer a Emilia, había asegurado a unos amigos que "*estaba demasiado enfermo para el amor*".

La unión resultó a todas luces formidable, no sólo por estos hechos sino porque conformaron una pareja cerrada en sí misma, con códigos y niveles que sólo podían compartir entre los dos, que se presentaba hacia fuera casi sin fisuras, y en la que cada uno aportaba ventajas que satisfacían al otro. Además, él no le decía Emilia sino Señora, y ella no le decía Voltaire sino Señor.

Sin dejar afuera a ese esposo formal y lejano que periódicamente le había dado hijos, Emilia conformó su mundo con el recuerdo de aquel amante loco, salvaje, tierno, gracioso y ardiente pero inconstante que fue el Duque de Richelieu, a quien seguía viendo, porque también era gran amigo de Voltaire, y queriendo invariablemente. Y ahora lo consolidó con Voltaire, antes que un amante un compañero, antes que un gran ardor una pasión perdurable, por sobre todo la persona más inteligente y famosa que podía conocer, brillante, ingenioso, divertido, irónico, y además un hombre que creía en la capacidad de su imaginación, lo que le otorgaba la potencia y el sostén para enfrentar a una sociedad en la que como pensadora una mujer era seguramente el seudónimo de algún gran hombre.

Claro que esta relación dejaba en Emilia un espacio que en una mujer como ella, deseosa y capaz de despertar una gran pasión amorosa en un hombre, debía ser colmado.

Emilia estaba entonces estudiando álgebra con Maupertuis, un joven y célebre matemático de la época, tan apuesto y subyugante para las mujeres que respondió con cierta lejanía y desgano a las insinuaciones de ella, a cada lección más arrebatadas.

La única diferencia entre los hombres y las mujeres, es que las mujeres son más amables.

VOLTAIRE

Qué funesto es deber todo el infortunio a la sensibilidad del corazón, que es condición necesaria para el placer.

EMILIA

Pierre Louis Moreau de Maupertuis nace en Saint Malo en 1698, abandona la carrera militar por el estudio de la Física y es nombrado posteriormente miembro de la Real Academia de Ciencias de Francia.
Se convirtió en un ferviente admirador de Newton, y fue uno de los primeros en Francia en reconocer
la importancia de sus teorías, lo que lo condujo a ser nombrado miembro por la Royal Society de Londres. Amigo de Voltaire, es presentado por éste a Emilia, quien lo toma como su preceptor de matemática.

En esta época todo se comunicaba mediante esquelas o notitas enviadas en mano por sirvientes. Equivalían a las llamadas telefónicas de hoy.

Le escribió a él, en breves notitas:

Ya no me queda tarea por hacer, a menos que me indique alguna; yo deseo una ardientemente.

Quisiera que el placer de verlo sólo se retrasara hasta mañana.

No dejaré de verlo, a menos que Usted sea el hombre menos sensible a la amistad que haya existido.

No es sorprendente que cuando una se aleja de Usted, no piense más que en el placer de volver a verlo.

Me hace padecer, señor, las penas e inquietudes de la ausencia.

Te quiero tanto como si hubieses estado aquí toda esta noche.

Fue una constante a lo largo de toda la relación de Emilia y Voltaire que éste se sintiese mal o estuviera enfermo o no estuviese dispuesto a hacer el amor. Maupertuis se convirtió en ese amante seguramente no exclusivo, pero potente y apto para concretar todas las fantasías de una mujer que no temía poseerlas y llevarlas a cabo. Y mucho menos ocultarlas en sus escritos, donde afloran con una franqueza total.

En abril de 1734, Emilia y Voltaire, que ha emergido de su última dolencia, van a una boda en el campo, una boda en la que mucho ha tenido que ver el consejo y la opinión de él. La Señorita de Guise, una joven emparentada con el esposo de ella, el Marqués Du Châtelet, se casa con un antiguo amor de ella y amigo de él, el Duque de Richelieu.

Durante la ceremonia Voltaire los conmina a que "*no se amen demasiado*", porque afirmó que "*ello siempre es el modo más seguro de amarse para siempre*". Y en conversaciones en voz baja y entre copas afirmó a quien quisiera escucharlo que el duque era "*un gran depredador de mujeres, pero de una amistad esencial con los hombres*".

Emilia, mientras tanto, y a partir de entonces, entabla una profunda e íntima amistad con la flamante esposa, a quien la hace su discípula y confidente.

Poco después Voltaire debe huir al extranjero al emitirse en su contra un pedido de captura y prisión a causa de un escrito suyo sobre el pensamiento de Pascal. Emilia se desespera. Se queda sola en Francia y sin noticias de él. Muy angustiada le escribe a Richelieu:

"¿De qué sirve ser joven? Desearía tener cincuenta años y vivir en un lugar retirado de la campiña con ustedes. ¡Ay de mí! ¡Pasamos la vida trazando planes para ser felices, sin lograrlo nunca!"

Sus deseos se convierten en realidad cuando Voltaire regresa de su corto exilio. Los dos deciden irse a vivir a Cirey, una mansión de campo en la Champaña, propiedad de los Du Châtelet, enclavada en una zona boscosa llena de herrerías y fundiciones, muchas de ellas originarias de la época romana. Emi-

A PESAR DE SU FAMA, EL DUQUE DE RICHELIEU AMÓ SIEMPRE PROFUNDAMENTE A SU MUJER, Y CON MUCHO DENUEDO BUSCÓ QUE NO SE ENTERARA DE SUS ENREDOS AMOROSOS.

CUANDO EN MAYO DE 1734 SE EMITE LA ORDEN DE PRISIÓN CONTRA VOLTAIRE, ÉSTE HUYE. EMILIA AGUARDA DESCONSOLADA EL DESENLACE DE LOS ACONTECIMIENTOS, TEMIENDO POR LA SALUD DE SU AMADO. Y LE ESCRIBE AL AMIGO COMÚN DE AMBOS, EL ABAD DE SADE:

La señora de Richelieu es mi único consuelo. Ella es una mujer encantadora, y su corazón es capaz de la amistad y el reconocimiento. Está, si esto fuese posible, más afligida que yo, pues le debe su matrimonio, la felicidad de su vida. Nos afligimos y nos consolamos juntas...

CARTA DEL 12 DE MAYO A JACQUES FRANÇOIS PAUL ALDONCE DE SADE, TÍO DEL CÉLEBRE MARQUÉS DE SADE.

La casa de los Du Châtelet, n Cirey

EN ESTA ÉPOCA LA MUERTE DE UNA CRIATURA NO ERA CONSIDERADA UNA GRAN TRAGEDIA. LA MORTALIDAD ERA EXTREMÍSIMA, Y ERA ALTAMENTE PROBABLE QUE ALGUNOS DE LOS HIJOS QUE SE TENÍAN NO SOBREVIVIERAN A LOS PRIMEROS AÑOS DE VIDA.

A ESTO DEBE SUMARSE QUE EN LA CLASE MÁS PUDIENTE LA CRIANZA DE LOS NIÑOS CORRÍA POR CUENTA DE LAS NODRIZAS, AÚN EN EL PERÍODO DE AMAMANTAMIENTO, POR LO QUE EL CONTACTO ENTRE MADRE E HIJO ERA MUY ESPORÁDICO Y CASI INEXISTENTES LOS LAZOS AFECTIVOS ENTRE AMBOS.

lia comentó en una de sus cartas que no podía imaginarse "*nada mejor que vivir calladamente en el campo con el ser amado*".

Pero sólo Voltaire puede partir hacia Cirey. Emilia debe quedarse en París debido a una grave enfermedad de su pequeño hijo, de dieciocho meses. Alterna así sus clases y sus ardores con Maupertuis, y se complace con la vida en sociedad y con el juego, que comienza a atraparla hasta la adicción.

Al aproximarse el otoño el niño muere. Emilia busca consuelo en su profesor amante y permanece en París.

Ya avanzado el otoño, Emilia viaja a Cirey y se reencuentra con Voltaire. Su esposo, el marqués, combate contra los alemanes. Está feliz porque ella se instruye en matemáticas y porque se está remodelando suntuosamente su finca, que estaba bastante deteriorada.

En Navidad Emilia retorna a París. Durante esos tiempos de las Fiestas, sus amigos aseguran que era prácticamente imposible verla por la vida tan disipada en la que se había implicado. Compartía muchas noches con los Richelieu y otras con Maupertuis.

Comenzaba 1735.

Y con el nuevo año se produce lo tan temido. Era posible que el marqués, su marido, regresara por fin de la guerra. Y estos retornos no eran muy deseados por las mujeres que soportaban la soledad a fuerza de amantes. Al mismo tiempo, Voltaire se siente molesto por esta posibilidad e ironiza: "*Madame du Châtelet tiene un esposo, esta diosa está casada con un mortal, y el mortal éste se empeña en tener ideas propias*". Emilia, por su lado, se pregunta angustiosamente si podrán convivir los tres en Cirey, a pesar de que le ha asegurado a Voltaire que no habrá problemas. El Duque de Richelieu se compromete asimismo a ayudarlos: le asegurará a Du Châtelet que es una estupidez dudar de una esposa tan brillante en todos los sentidos como Emilia. De todos modos, y por las dudas, Voltaire se va a vivir a Lorena, hasta que todo se tranquiliza y es autorizado a regresar a la mansión de su amante. Cuando esto sucede, a su llegada la familia Châtelet lo recibe en pleno: Emilia, su hijo, su hija, que está a punto de entrar a un convento, y M. Linant, el nuevo profesor.

Poco después Emilia viaja con extrema premura a Créteil, en las cercanías de París, al tener noticias de que su madre ha enfermado. Pero al llegar, la halla fuera de peligro. Entonces va en busca de lo que colmará sus deseos.

Le escribe una carta a Maupertuis: "*Si aún me ama un poco, venga a verme*".

Pero él no le contestó ni fue a visitarla esa noche ni las restantes.

Al regresar a Cirey se encontró con que su esposo, el marqués, y Voltaire no sólo convivían apaciblemente sino que hasta se habían tomado cierto afecto.

En París y en las principales capitales del continente la pareja de Emilia y Voltaire era cada vez más famosa. Y más murmurada. Y más envidiada.

En realidad lo que el Duque de Richelieu le asegura a su amigo, el Marqués Du Châtelet, esposo de su ex amante y actual íntima amiga, tiene que ver con una carta que le enviara Emilia el 22 de mayo de 1735. En ella le ruega que:

Si ve al señor Du Châtelet, de lo que estoy segura, háblele de mí con estima y amistad; sobre todo, alabe mi viaje, mi valor y el buen efecto que tendrá en la sociedad. Háblele de Voltaire sencillamente, pero con interés y amistad, y sobre todo, trate de insinuarle que habría que estar loco para tener celos de una mujer de la que se está contento, por la que se tiene y que se comporta correctamente...

UNA FRASE GALANTE Y AMOROSA DE EMILIA A SU PROFESOR AMANTE MAUPERTUIS:

...creo que sólo con usted puedo aprender con placer un "a menos cuatro a".

UNA CARTA ENVIADA A ÉL EN JUNIO DE 1734 ES PURO ELOGIO EMOCIONADO:

Siembra usted de flores un camino en el que otros sólo hallarían espinas; su imaginación sabe embellecer los asuntos más arduos sin quitarles su rigor y precisión.
Sé lo que me perdería si no disfrutase de su bondad cuando se rebaja hasta mi debilidad para enseñarme verdades tan sublimes casi como un juego. Reconozco que siempre le deberé el privilegio de haber estudiado con el más amable y además el más profundo de los matemáticos del mundo.

ELOGIOS DE UNA ALUMNA ENAMORADA QUE CULMINAN, FEMENINAMENTE, CON UN REPROCHE:

...sería mucho más meritorio si no fuera tan perezoso y escribiera más frecuentemente.

Un hombre como él, de brillante ingenio y conversación, era una perla que apagaba los innumerables bostezos de los nobles y sus mujeres, y la apatía provocada por el lujo y el vivir libres de las más mínimas preocupaciones. Las cortes necesitaban de hombres como Voltaire, aunque no de especímenes femeninos como la Marquesa Du Châtelet. Por lo que los comentarios y las murmuraciones se dirigieron hacia ella, a quien se acusaba de haber secuestrado al poeta y filósofo.

De esta manera Emilia fue despiadadamente caricaturizada por las damas parisinas. Una tal señorita de Deffand se refería a ella como "*un ser disecado, sin ninguna curva, cubierto de diamantes y con escasa e ínfima ropa interior*". Y agregaba que Emilia se había enredado con Voltaire "*sólo para estar en el candelero y para que él le procurara la inmortalidad*". Otra, prima de Emilia, la señorita de Créquy, decía que "*no podemos oír hablar del sublime genio y los profundos conocimientos de Madame Du Châtelet sin soltar la carcajada*".

Frente a estas maledicencias, resaltan los incesantes comentarios de Voltaire, que durante los dieciséis años que vivió con ella escribió en cartas, poemas y dedicatorias su amorosa admiración por la Marquesa Du Châtelet. Y las palabras de Maupertuis, que pareció no haberla amado nunca, aunque sí querido mucho, calificándola como "*bella y simpática, la mujer de mejor naturaleza y más amable de toda Francia*". Agregando que: "*es maravilloso encontrar un conocimiento sublime que parece hecho para nuestro sexo, unido a las más amables cualidades del suyo*".

Incluso, de la vida misma en Cirey los visitantes rescataban fundamentalmente el trabajo incesante de los dos, aunque también los exagerados diamantes de ella y la refinada mesa que compartían y de la que gozaban.

En los días previos a la Navidad de 1736, Voltaire debe huir nuevamente a Holanda en medio de una tormenta de nieve para no caer en la cárcel. Y esta nueva ruptura de la paz y la felicidad que la pareja logra en Cirey les acarrea dolores más intensos a cada huída.

Él escribe: "*Tengo el corazón destrozado*", después de quejarse amargamente: "*...cuando veo el momento en que he de separarme para siempre de quien renunció a París, a la sociedad y a cuanto hace la vida agradable por mi causa, de una persona a quien adoro y a la que es justo que adore, es fácil que se comprenda mi estado de ánimo*".

Para Emilia es aún peor. A la tristeza y a la desazón del acontecimiento, que la dejaba sola con su lejano marido, sus dos hijos tal vez más lejanos aún, y el viejo y último profesor, se sumaba la preocupación por la deteriorada salud de su amante y el temor de que el hartazgo en él lo superara todo y se dirigiera a Prusia, a refugiarse bajo la protección del Príncipe Federico, quien le deparaba una amistad que cada vez sería más posesiva.

Dos meses después, en febrero de 1737, Voltaire puede regresar a Cirey junto a su amada Emilia. Y gracias a los buenos oficios del marido de ella, el Marqués Du Châtelet.

La Marquesa Du Châtelet no quería tener preocupaciones de dinero ni de ningún otro tipo. Solía decir que una persona debía

vivir para trabajar
y no trabajar para vivir.

Aparentemente Voltaire debió exiliarse porque en un escrito aseguró más o menos que Adán y Eva no se bañaban nunca. Aunque en realidad esta nueva persecución se debía a una intriga y venganza del Marqués de Breteuil, primo de Emilia, con el que ésta se había peleado.

¿Quién hubiera creído que la amistad me hubiera podido traer pesares? Apenas si los esperaba del amor. Sólo nos dan la felicidad estos dos sentimientos.

Emilia

Grabado de E. Percy Moran

Los dos habían gozado juntos de la vida feliz en Cirey durante cuatro años. Una prolongada luna de miel. En la primavera de 1739 deciden irse a París, donde habían hecho opción para adquirir una mansión maravillosa, el Palacio Lambert. Pero antes viajan a Bruselas para arreglar un asunto familiar de Emilia. Poco después estaban de nuevo de viaje, esta vez y finalmente, rumbo a París.

En una carta de Voltaire a una conocida le dice entonces que si se pregunta por qué volvía a la gran ciudad de Francia, la respuesta era que iba detrás de Emilia. Y si volvía a preguntarse a qué iba Emilia allí, la respuesta era que no tenía la menor idea. Ella le asegura que es absolutamente necesario, y el destino de él es creerle y seguirla.

En París, Emilia retornó a la vida de sociedad. Y mientras Voltaire huía del bullicio hundiéndose en una habitación del Hotel de Brie, ella, alojada en el palacio de los Richelieu, trajinaba sin cansarse las noches de óperas y fiestas con amigos "*deliciosamente frívolos*", noches que a veces concluían entre los brazos de Maupertuis, después de insistentes y acosadoras notitas ordenándole o rogándole que fuera a verla.

Un Maupertuis con el que poco después se enemistaría, en ocasión de un viaje a Bruselas que realizara con Voltaire y un tal Koenig, protegido de aquél y propuesto como profesor de álgebra para Emilia. La discusión durante la travesía acerca de un tema filosófico acabó con un fuerte enojo de Emilia, que se acentuó cuando Maupertuis apoyó posteriormente las tesis del docente.

Tan grave fue este episodio que los dos amantes, profesor y alumna, estuvieron un largo tiempo enemistados. Voltaire intercedió por fin y le escribió a él una carta, explicándole que lo afligía mucho el distanciamiento entre ambos, y que ella era la única mujer en el mundo capaz de comprenderlo. "*Están ustedes dos hechos para quererse*", finalizó.

En agosto de 1740 murió la gran amiga y protectora de Emilia, la Duquesa de Richelieu. Muy joven, y como sucedía comúnmente entonces entre las mujeres: de una dolorosa y larga enfermedad provocada por un difícil embarazo.

Todo fue profundamente triste. En el atardecer, el duque le preguntó, inclinándose sobre ella, si estaba satisfecha con su confesor. Y ella le respondió con un hilo de voz que "*sí*", y agregó: "*porque él no me ha prohibido que te ame*".

Cuando anocheció, la enferma alcanzó a susurrar que su último deseo era morir en brazos de su esposo. Y así ocurrió unos instantes después.

Todos la lloraron largamente. Había sido una de las pocas mujeres con las que Emilia se había relacionado con un afecto intenso y mutuo.

Los tiempos siguientes continuaron entre Voltaire y Emilia como los de un matrimonio de larga convivencia. En una carta él se refiere a su Madame Du

GRABADO DE E. PERCY MORAN

¿Qué es la felicidad?
Es la duración
o la continuación de los placeres
o de las formas de sentir
agradables al hombre,
de las que gusta y aprecia
como favorables a su ser.

BARÓN D'HOLBACH

GRABADO DE FRANK CALDERON

Châtelet como la mujer "*con la que viviré según todas las probabilidades la mayor parte de mi vida, ya que en estos últimos diez años casi no me he separado de ella*".

Y ella asegura a su vez que "*he sido feliz durante diez años con el amor de aquél que ha subyugado mi alma, y estos diez años los he pasado a solas con él sin ningún momento de hastío ni de languidez*".

Pero al mismo tiempo era un matrimonio con características muy especiales, ya que había un punto que no se podía traspasar: el de la existencia del Marqués Du Châtelet como esposo legal de ella y padre de sus hijos. Lo que convertía a la relación con Voltaire en un matrimonio de amantes, los cuales a su vez se permitían otras relaciones íntimas, como las de Emilia con Maupertuis o las de él con alguna admiradora ocasional.

Por otra parte, la convivencia de la pareja, que ellos pretendían fuese de gran paz, armonía y felicidad, periódicamente era alterada por la incontinencia verbal de Voltaire, quien se desbocaba con escritos temerarios que provocaban violentas reacciones entre los poderosos personajes de la corte. Así cada tanto debía huir intempestivamente hacia Bélgica u Holanda para librarse de las órdenes de captura y prisión.

Y esto alteraba la creativa rutina de los dos amantes, separándolos y angustiándola a ella hasta lo indecible porque temía por la salud de él.

Una de estas separaciones se dilató más de lo debido: fue la que lo llevó a él a la corte de Federico de Prusia. Separación que tal vez se constituyó en el último período en la relación entre Emilia y Voltaire, la etapa que ella describe en "*Acerca de la felicidad*" como la del embotamiento del deseo, provocado por *"la seguridad de ser amado, el hastío de tenerlo todo previsto, la desventura de no tener nada que temer"*. Etapa que finaliza con la percepción, por ella, del fin de la pasión de su amante.

Ella nos repite que" *he sido feliz durante diez años con el amor de aquél que ha subyugado mi espíritu, y estos diez años los he pasado a solas con él sin ningún momento de hastío ni de languidez"*. Sin embargo, continúa: *"Cuando la edad, las enfermedades, y quizás también un poco la facilidad del placer disminuyeron su inclinación, pasó mucho tiempo antes de que me diera cuenta..."*

Emilia no lo advierte. No percibe que la pasión por ella se ha extinguido prácticamente en Voltaire, y sigue con él amando por los dos.

...Yo amaba por dos, pasaba mi vida entera con él, y mi corazón, ajeno a la sospecha, gozaba del placer de amar y de la ilusión de creerse amada.

Y esto le causa un vívido dolor que la invade y la desespera durante un largo tiempo, ya que la crisis estalla cuando deja de hacerse ilusión (Para "*ser feliz hay que hacerse ilusión*", repite ella) y perdurará hasta que logre no meramente resignarse, sino encontrar otro término, aunque menos intenso, que la retorne a algún otro estadio de la felicidad.

"Es cierto que he perdido ese feliz estado -asegura- *y que eso me ha costado abundantes lágrimas"*.

Y entonces nos describe su proceso interior, penetrando más profunda-

Grabado de E. Percy

Grabado de G. Vastagh

mente en él: "*Para romper estas cadenas* -las de seguir amándolo sin ser amada- *son necesarios terribles cataclismos: la herida de mi corazón sangró durante mucho tiempo, tuve razones para quejarme y lo he perdonado todo. He sido lo bastante justa como para sentir que mi corazón era quizás el único en el mundo en poseer esta inmutabilidad que aniquila el poder de los tiempos...*"

Y esta inmutabilidad de sus sentimientos significa que ella es capaz de seguir amando a pesar de cualquier declinación que la asalte. Pero inmutabilidad que siente que sólo se da en ella. Porque a él lo comprende, y hasta acepta la transformación en sus sentimientos como algo natural y que por ello su pasión se haya extinguido o atenuado hasta casi desaparecer.

"*...que si la edad y las enfermedades no hubieran apagado totalmente sus deseos* -agrega-, *quizás los hubiera seguido poniendo en mí y el amor me lo hubiera devuelto. En fin, que su corazón, incapaz ya de amor, me amaba con la amistad más tierna y me había consagrado su vida*".

Y acentúa más aún las causas imposibles de modificar que se dan en Voltaire, hasta que la conducen al escepticismo, a la resignación y a buscar en ello, como es parte constitutiva del espíritu de Emilia, lo que se desprenda y sea posible recuperar en dirección a la vida, es decir, a la felicidad: "*La certidumbre del imposible retorno de su inclinación y de su pasión*, -reflexiona-, *ya que no es algo que esté en la naturaleza, condujo insensiblemente mi corazón al sentimiento apacible de la amistad...*" (Es el impacto en una mujer aún intensamente enamorada cuando reconoce que el que ama ha perdido su pasión por ella y sólo siente amistad, compañerismo, apenas ternura).

"...y este sentimiento de amistad -concluye-, *unido a la pasión por el estudio, me hace bastante feliz"*.

Durante el año de 1740 la correspondencia entre Voltaire y el príncipe Federico de Prusia fue crecientemente copiosa. El príncipe deseaba tener consigo al filósofo en la corte prusiana, pero no toleraba a Emilia. Deseaba absorber a quien consideraba su amigo y consejero sin impedimentos y sin intermediarios.

Voltaire no quería abandonar a Emilia. Pidió a Federico que le consiguiese un cargo en su reino, pero éste eludió toda respuesta concreta. No despreciaba a las mujeres, aunque no le gustaban, y creía que estaban de más en una relación de tal creatividad como la que existía con el pensador francés.

A fines de mayo de ese año, murió el rey de Prusia, el padre de Federico. Y éste muy pronto asumió la titularidad de la monarquía. Entonces comenzó a desarrollar un gobierno de múltiples transformaciones, aunque siempre absoluto y autocrático. Y entre ellas, un decidido fomento a las ciencias y a las artes. Llamó a su lado a Maupertuis para que fundara la Academia de Berlín, y éste no se rehusó. E inició una ofensiva para llevar a su corte a Voltaire.

Emilia supo de la partida de Maupertuis, y estaba dispuesta a resistir el alejamiento del hombre que amaba y con quien vivía.

A principios de setiembre, Federico anunció la posibilidad de una escapada a París, atravesando Bélgica. Voltaire y Emilia comenzaron entonces con

Grabado de C. Schweninger

Grabado de E. Serra

los preparativos para su alojamiento. Él no podía ocultar su excitación por la llegada del preciado huésped. Y ella no se desprendía de los pormenores y detalles de la recepción, tornándola así un asunto de la pareja, para evitar de este modo que la dejaran de lado.

Pero el rey era astuto. Cuando Emilia y Voltaire viajaron hacia Amberes para encontrarse con él y acompañarlo en el camino hasta París, donde se alojaría de incógnito unos días en el Hotel Lambert de la calle de la Grosse Tour, les llegó allí un recado en el que Federico les comunicaba que había caído enfermo en una pequeña ciudad, a unos ciento cincuenta kilómetros de Bruselas, y que solicitaba la presencia de su amigo para cuidarlo, aunque lamentaba infinitamente no poder recibir a Emilia, ya que se sentía demasiado mal para ello.

Voltaire se puso en camino y dos días después, el 11 de setiembre de 1740, arribó al antiguo castillo de Moyland, próximo a Cleves. Allí encontró postrado al rey en un lecho, aunque no muy enfermo en realidad, ya que éste exclamó enseguida que con su sola presencia se había restablecido, por lo que se vistió de inmediato, abandonó precipitadamente sus habitaciones y participó de una pantagruélica comida con su sanador y otros amigos.

Emilia sintió que había perdido esta batalla: aguardó inútilmente a Voltaire en Bruselas. Federico se había jurado impedir que los dos volvieran a unirse, por lo que encargó al filósofo una importante gestión en La Haya, donde lo alojó en el palacio de la embajada de su reino.

Emilia regresó entonces a París. En el camino recogió a su esposo, el Marqués Du Châtelet, ya que podía serle útil para sus planes: lograr que en Francia se diluyera la oposición a Voltaire o al menos encontrar algún mecanismo que lo hiciese regresar y lo apartase de la posesiva relación con el rey prusiano.

No era mujer de rendirse ni de considerar que una batalla era la guerra.

Inició así una campaña a favor de su amante ante las autoridades francesas y en la residencia de la corte, en Fontainebleu. Y obligó inteligentemente al mismo Federico a dar instrucciones a un embajador suyo para que la apoyara en este objetivo. No podía negarse el prusiano a dar buenas referencias de un hombre tan cercano a él con el que sostenía tal grado de amistad.

Pero la solución a sus afanes provino del mismo Voltaire, sin que éste tuviera intención de brindarla. Es que el pensador siempre había fantaseado con ser una especie de representante extraoficial de Francia ante la corte prusiana. Y con este objetivo, le envió a Emilia una carta dirigida al poderoso Cardenal Fleury, en la que le proponía a éste asumir una misión diplomática de distinta índole a la de un embajador, y apoyada en su relación personal e íntima con el rey de Prusia.

El cardenal se comprometió a meditarlo. Pero una sucesión de importantes acontecimientos políticos en Europa apuró su decisión. Se necesitaba un hombre leal que actuara como espía entre los prusianos, por lo que Fleury le escribe a Voltaire, aún en La Haya, rogándole que dejara de ser un "*niño terrible*" y que aplicara su enorme talento con mayor madurez, indicándole asimismo que nadie tenía dudas acerca de su bondad y honestidad, por lo que se le da-

GRABADO DE E. SERRA

Grabado de Carlo Wostry

ría la posibilidad de servir a su país teniendo como misión observar lo que Federico pensaba hacer ante lo que sucedía.

Voltaire partió presuroso, alegre y emocionado de La Haya, sin haber visto a Emilia, rumbo a Berlín.

La jugada de Madame Du Châtelet era muy riesgosa, pero tal vez la única que podía llevar a cabo. Se basaba en el conocimiento de la personalidad de Voltaire, atraído por Federico y su corte, y por los honores y placeres que allí recibía y degustaba, pero con el corazón puesto en su Francia y en el reconocimiento de los suyos antes que en cualquier otra cosa.

Iba sí, entonces, al encuentro con Federico, pero con una imperceptible aunque sólida cuerda al cuello cuya otra punta remataba en París, prácticamente en las manos de Emilia quien, además, comenzó a desplegar una intensa acción a través de cartas y comentarios en los que se aseguraba en principio enferma de tristeza por el abandono al que la tenía sometida Voltaire, después en estado de desesperación, y por último al borde de la muerte por pesar o por suicidio.

A todo esto, en Berlín, la relación entre Federico y Voltaire llegó a extremos tales de intimidad que pasaban juntos los días y las noches.

Continúa en la página 65.

Emilia

Madame Du Châtelet

Acerca de la felicidad

Reimaginado en

Actitud Imaginador

por

LUIS HERNÁN RODRÍGUEZ FELDER

para la

VERSIÓN DEL SIGLO 21

Es una creencia muy común que es difícil ser feliz, lo que es demasiado cierto. Pero sería más factible llegar a serlo si entre los hombres las reflexiones y las normas de conducta precedieran a las acciones. Generalmente nos vemos arrastrados por las circunstancias y nos entregamos a ilusiones que jamás nos otorgan mucho más de la mitad de lo que aguardamos de ellas. Es que no advertimos nítidamente los medios para llegar a ser felices hasta tropezar con los obstáculos originados por la edad y por las trabas que nos imponemos nosotros mismos.

Es difícil ser feliz.

Anticiparemos algunas reflexiones que suelen hacerse cuando ya es demasiado tarde, para que quienes las lean encuentren lo que el transcurrir de los años y las circunstancias de sus vidas les otorgarían con excesiva lentitud. Debemos evitar que pierdan una gran parte de ese tiempo precioso y escaso del que se dispone para sentir y para pensar, impedir que empleen en limpiar la cubierta del barco momentos que les servirían para gozar de los placeres que les puede deparar la navegación.

Para ser felices debemos deshacernos de nuestros prejuicios, poseer virtudes, gozar de una buena salud, tener inclinaciones y pasiones, y ser propensos a la ilusión.

Para ser felices debemos deshacernos de nuestros prejuicios, poseer virtudes, gozar de una buena salud, tener inclinaciones y pasiones, y ser propensos a la ilusión, porque pobres de aquéllos que pierdan la capacidad de hacerse ilusión.

En lugar de tratar que ella se esfume haciendo prevalecer el razonamiento por sobre toda otra actitud, intentemos reforzar el brillo que deposita sobre la mayor parte de las cosas y de los acontecimientos, ya que a éstos les es aún más necesario de lo que son para nuestros cuerpos los cuidados y los adornos.

Sólo somos felices gracias a las inclinaciones y a las pasiones satisfechas.

Comencemos diciéndonos a nosotros mismos, y persuadiéndonos hasta ya no poseer dudas, que no tenemos nada que hacer en este mundo fuera de procurarnos sensaciones y sentimientos agradables. Los moralistas que dicen a los hombres: "*repriman sus pasiones y sofoquen sus deseos si quieren ser felices*", no conocen el camino de la felicidad. Sólo somos felices gracias a las inclinaciones y a las pasiones satisfechas. Y digo inclinaciones porque no siempre somos lo bastante felices como para tener pasiones, por lo que, a falta de pasiones, está bien contentarse con las inclinaciones.

Pero se me dirá: ¿acaso las pasiones no nos hacen más desgraciados que felices? No tengo la balanza que se necesitaría para pesar en general el bien y el mal que han causado las pasiones a los hombres, pero no hay que olvidarse que los desdichados son conocidos porque tienen necesidad de los demás, quienes se complacen a su vez en relatar sus desgracias, buscando en ello remedio y alivio a sus propios temores a sufrirlas. Las personas felices no buscan nada y no van a contar a los otros su felicidad. Los desdichados, los infelices, son interesantes; las personas felices son ignoradas.

Por esta razón, cuando dos amantes se han reconciliado, cuando sus celos han concluido, cuando se han superado los obstáculos que los separaban, ya no sirve para el espectáculo: la obra que se representaba ha terminado para los espectadores, y la escena del amor entre dos amantes no interesa tanto como interesaría si por ejemplo el espectador supusiera que el amor de él es en realidad producto de un encantamiento y se acabara disipando, y la pasión de la que ella se vanagloria en esa escena tornara su desdicha más interesante. Estos mismos mecanismos actúan sobre nuestro espíritu para conmoverlo ante las representaciones y los sucesos de la vida.

Conocemos entonces el amor más por las desdichas que causa que por la felicidad, a menudo difícil de percibir, que esparce sobre la vida de los hombres. Pero supongamos por un momento que las pasiones hagan a

No tenemos nada que hacer en este mundo fuera de procurarnos sensaciones y sentimientos agradables.

Las personas felices no van a contar a los otros su felicidad.

No merece la pena vivir si no es para tener sensaciones y sentimientos agradables, ya que cuanto más intensos son los sentimientos agradables, más felices somos.

más personas desdichadas que felices. Aún así las pasiones seguirían siendo deseables, porque son la condición sin la cual no es posible gozar los grandes placeres; y no merece la pena vivir si no es para tener sensaciones y sentimientos agradables, ya que cuanto más intensos son los sentimientos agradables, más felices somos. Debemos pues desear ser proclives a las pasiones, las que, vuelvo a repetir, no dependen de nuestra voluntad.

Conseguir ajustarse bien a su situación y a las circunstancias en las que lo colocó el destino; saber asentar el espíritu y el cuerpo en un cauce tranquilo; abrirse a todos los sentimientos, a todas las sensaciones agradables.

A nosotros mismos nos corresponde lograr que las pasiones contribuyan a nuestra felicidad. Y esto es algo que depende generalmente sólo de nosotros. Quien haya conseguido ajustarse bien a su situación y a las circunstancias en las que lo colocó el destino, quien haya sabido asentar su espíritu y su cuerpo sobre un cauce tranquilo, quien esté abierto a todos los sentimientos, a todas las sensaciones agradables que este estado nos puede deparar, es con seguridad un excelente amante de la sabiduría y debe estarle agradecido sobremanera a la vida.

Me refiero al estado y a las circunstancias en las que nos colocó el destino porque creo que una de las cosas que más contribuyen a la felicidad es el contentarse con el propio estado y pensar más en volverlo feliz que en transformarlo.

Mi finalidad no es escribir para todo tipo de estado y condición y para toda clase de personas; no todos los estados son susceptibles de la misma especie de felicidad. Yo sólo escribo para aquéllos que han nacido con lo suficiente como para poder permanecer en ese estado sin agitarse, los que quizás no sean de aquéllos que les resulta más fácil ser felices.

Una de las cosas que más contribuyen a la felicidad es el contentarse con el propio estado y pensar más en volverlo feliz que en transformarlo.

Para tener pasiones, y poder darles satisfacción, hay que poseer sin duda buena salud, lo que constituye la primera de las fortunas. Y esto no es tan independiente de nosotros como se suele pensar. Como todos, en general, hemos nacido sanos y hechos para durar cierto tiempo, está claro que si no destruyéramos nuestro organismo con la gula, con las noches sin dormir y con los excesos, viviríamos seguramente más o menos hasta lo que se considera una edad razonable. Y no incluyo aquí las muertes violentas, que no se pueden prever y de las que, en consecuencia, es inútil ocuparse.

Se me replicará: si nuestra pasión es la gula, nos sentiremos muy desdichados; porque si queremos tener buena salud, deberemos reprimirnos permanentemente. A esto respondo que si nuestro objetivo es alcanzar la felicidad satisfaciendo las pasiones, nada debe apartarnos de él; y si el dolor de estómago o las consecuencias de la gordura que provocan los excesos en la mesa nos causan dolores más intensos que el placer que hallamos dando curso libre a nuestra gula, es que calculamos mal al preferir el

Para poder satisfacer las pasiones hay que poseer una buena salud.

goce del uno a privarnos del otro: así nos apartamos de nuestro objetivo y somos desdichados por esta razón. No nos quejemos por ser glotones, dado que esta pasión es origen de placeres constantes, pero sepamos lograr que aporte a nuestra felicidad, lo que resultará fácil si no salimos de casa y sirviéndonos únicamente lo que queremos comer. Intercalemos períodos de ayuno: si aguardamos que nuestro estómago se vea motivado por el hambre verdadero, todo lo que se nos presente causará el mismo placer que los manjares más exquisitos, en los que no pensaremos al no tenerlos frente a los ojos. Esta autoimpuesta sobriedad tornará más intenso el placer. No la recomiendo para extinguir la gula, sino con el fin de predisponerse para un goce más delicioso.

Si nuestro objetivo es alcanzar la felicidad satisfaciendo las pasiones, nada debe apartarnos de él.

Y en cuanto a las personas enfermas, aquéllas a las que todo sienta mal, tienen otros tipos de felicidad. Estar abrigados, haber digerido bien el pollo, ir de cuerpo, son goces para ellas. Esta felicidad, si tal fuere, es demasiado desabrida para ocuparse de los medios para obtenerla. Pareciera que este tipo de personas viven en una esfera de la que está ausente todo lo que denominamos felicidad, goce, sentimientos agradables. Hay que compadecerlas, y no podemos hacer otra cosa por ellas.

Cuando nos hemos convencido por fin y de una vez por todas de que sin la salud no podemos disfrutar de placer o de bienestar alguno, nos decidimos sin esfuerzo a realizar algunos sacrificios para conservarla. Yo puedo considerarme un ejemplo. Tengo una excelente constitución física, pero no soy robusta y hay cosas que seguramente deteriorarían mi salud. Es el caso del vino, por ejemplo, y de todos los licores; me los he prohibido desde mi más temprana juventud porque, al tener un temperamento de fuego, me paso las mañanas atiborrándome de líquidos. En fin, que me entrego demasiado a la gula que Dios me ha otorgado, y reparo estos excesos con dietas rigurosas que me impongo apenas siento la primera molestia, lo que siempre me ha evitado las enfermedades. Estas dietas no me cuestan nada, porque durante ese período me quedo en casa a las horas de las comidas, y como la naturaleza es tan sabia que no nos ocasiona sensación de hambre cuando nos hemos sobrecargado de comida, mi gula no se ve excitada por la presencia de manjares, no me privo de nada al no comer y recupero de este modo mi salud sin que ello me cueste privaciones.

Seremos desdichados si preferimos el goce de un placer a la privación de otro.

Otra fuente de la felicidad es estar desprovistos de prejuicios. Y sólo depende de nosotros mismos deshacernos de ellos. Todos poseemos la pequeña dosis de juicio necesaria para examinar todo aquello que nos quieren obligar a creer. Para saber, por ejemplo, si dos más dos son cuatro, o cinco. No nos falta en este siglo posibilidad para instruirnos. Sé que hay otros prejuicios además de los de la religión, y creo que es muy

Otra fuente de la felicidad es estar desprovistos de prejuicios.

sano desprendernos de ellos, aunque no hay ninguno que influya tanto sobre nuestra felicidad y nuestra desdicha como los que provienen de la religión. Quien dice prejuicio se refiere a una opinión aceptada sin examen, porque no lo resistiría. El error nunca puede ser un bien, y es con certeza un gran mal en relación a todo aquello de lo que depende la orientación de la vida.

Quien aspire a la felicidad no debe jamás relegar el decoro. El riguroso cumplimiento del decoro es una virtud, y ya he dicho que para ser felices debemos ser virtuosos.

No hay que confundir los prejuicios con el decoro. Los prejuicios no tienen ninguna verdad y sólo pueden ser útiles a los espíritus deformes: porque hay almas corrompidas como cuerpos contrahechos. Las primeras pertenecen a otra categoría y no tengo nada que decirles al respecto. El decoro tiene una verdad basada en las convenciones y esto es suficiente para que toda persona de bien no se permita nunca apartarse de él. No hay libro que enseñe el decoro y, sin embargo, nadie lo ignora de buena fe. Varía de acuerdo con los estados, las edades, las circunstancias. Quien aspire a la felicidad no debe jamás relegarlo. La rigurosa observancia del decoro es una virtud, y ya he dicho que para ser felices debemos ser virtuosos. Ya sé que los predicadores dicen que hay que amar la virtud por ella misma, por su propia belleza, pero hay que tratar de entender el verdadero sentido de estas palabras, y veremos que se reducen a lo siguiente: debemos ser virtuosos porque no podemos ser viciosos y a la vez felices. Y entiendo por virtud todo aquello que contribuye a la felicidad de la sociedad y, por consiguiente, a la nuestra, porque somos miembros de la sociedad.

Aseguro que no podemos ser felices y viciosos, y la demostración de este axioma está en el fondo del corazón de todos los hombres. Sostengo que, incluso entre los más depravados, no hay ninguno a quien los reproches de su conciencia, es decir, de su ser interno, no le cause un suplicio el desprecio que siente que merece, y que experimenta en cuanto lo conocen. Cuando hablo de depravados no me refiero a los ladrones, los asesinos, los envenenadores, que no pueden formar parte de la clase de personas para las que escribo; doy este nombre a las personas falsas y malas, a los calumniadores, los delatores, los ingratos, en fin, a todos los que están aquejados de vicios que no castigan las leyes, pero contra los que las costumbres y la sociedad han emitido juicios tanto más terribles por cuanto siempre se cumplen.

Debemos ser virtuosos porque no podemos ser viciosos y a la vez felices.

Sostengo, pues, que no hay nadie en la tierra que pueda sentir que lo desprecian sin desesperar. Este desprecio público, esta animadversión de la gente de bien, es un suplicio más cruel que todos aquéllos que podría infligir la justicia, porque dura más y jamás lo alivia la esperanza.

No hay nadie que pueda sentir que lo desprecian sin desesperar.

No tenemos por lo tanto que ser viciosos, si no queremos ser desdichados; pero esto no es suficiente para no padecer desdichas. La vida no valdría la pena ser vivida si la ausencia de dolor fuera nuestro único fin; la ausencia de todo sería más llevadera, porque es con seguridad el estado en el que se sufre menos. Debemos tratar, por lo tanto, de ser felices. Debemos estar conformes con nosotros mismos por la misma razón que debemos contar con una vivienda adecuada, y aguardaríamos en vano gozar de esta satisfacción sin la virtud.

Debemos tratar de ser felices.

Es fácil deslumbrar a los ojos humanos,
pero no es posible engañar a la mirada vigilante de los dioses

dijo un gran poeta. Y la mirada vigilante a la que nunca podremos engañar es la de nuestra propia conciencia.

La justicia que nos hacemos a nosotros mismos es precisa: cuando podemos dar fe de que hemos cumplido con nuestro deber, cuando hacemos todo el bien posible, cuando somos virtuosos, disfrutamos de una satisfacción interior que podemos llamar salud del alma. Dudo que haya sentimiento más delicioso que el que se experimenta tras haber realizado una acción virtuosa que merezca la estima de la gente de bien. Al placer interior que nos originan las acciones virtuosas se suma también el placer de gozar de la estima universal, porque los imbéciles no pueden negar su estima a la probidad, pero la estima de las personas honradas es la única que merece ser tenida en cuenta.

No hay sentimiento más delicioso que el que se experimenta tras haber realizado una acción virtuosa que merezca la estima de la gente de bien.

Lo que quiero decir es que para ser feliz hay que ser proclive a la ilusión. Y esto es algo que no necesita ser probado. Sin embargo, podrán decirme: siendo el error siempre pernicioso, ¿no podría ser la ilusión un error? No. A decir verdad, la ilusión no nos hace ver las cosas enteramente tal y como deben ser para producirnos sentimientos agradables. En realidad las acomoda a nuestra naturaleza. Como son las ilusiones de la óptica. Porque la óptica no nos engaña aunque no nos haga ver los objetos tal como son, porque nos hace verlos de la manera en que debemos verlos para que nos sean útiles, para que podamos utilizarlos.

¿Cuál es la razón por la que me río más que nadie con los títeres, si no es porque me entrego más que ningún otro a la ilusión, y al cabo de un cuarto de hora creo que me está hablando realmente uno de ellos? ¿Tendríamos algún momento de placer en el teatro si no nos prestásemos a la ilusión que nos hace enfrentarnos con personajes que sabemos muertos desde hace tiempo y a los que aceptamos como si estuviesen vivos delante de nosotros? ¿Qué placer encontraríamos en un espectáculo en el que todo es ilusión si no supiésemos entregarnos a ella? Es seguro que lo que nos perderíamos sería importante, como aquéllos que sólo encuentran en la ópera el placer de la música o de las danzas, obteniendo sólo un placer descarnado y muy inferior al que nos da el conjunto de este espectáculo encantador.

Para ser feliz hay que ser proclive a la ilusión.

Me he referido a los espectáculos porque en ellos la ilusión es más fácil de percibir. Ella se mezcla en todos los placeres de nuestra vida, y es su brillo. Se podría decir que no depende de nosotros, lo que no deja de ser una verdad hasta cierto punto. No podemos darnos ilusiones, de la misma manera que no podemos darnos inclinaciones ni pasiones. Pero podemos conservar las ilusiones que tenemos. Podemos tratar de no destruírlas, podemos no ir tras las bambalinas para ver los engranajes y la maquinaria con que se producen los vuelos de los actores por el escenario. Es todo el arte que podemos desplegar y no es un arte inútil ni estéril.

No podemos darnos ilusiones, de la misma manera que no podemos darnos inclinaciones ni pasiones. Pero podemos conservar las ilusiones que tenemos.

Éstas son las grandes maquinarias de la felicidad, si puedo decirlo de esta forma, pero hay muchas pequeñas y minuciosas habilidades que también pueden contribuir a nuestra felicidad.

La primera de todas es estar muy decidido sobre lo que se quiere ser y lo que se quiere hacer, decisión que falta a casi todos los hombres y es, sin embargo, una condición sin la que no puede haber felicidad. Sin ella nadamos permanentemente en un mar de incertidumbres, destruímos por la mañana lo que levantamos por la noche, nos pasamos la vida haciendo necedades, reparándolas, arrepintiéndonos.

Estar muy decidido sobre lo que se quiere ser y lo que se quiere hacer es una condición sin la que no puede haber felicidad.

Esta actitud de arrepentimiento es una de las más inútiles y desagradables que pueden nacer en nuestra alma. Uno de los grandes secretos es saber protegerse de ella. Como ninguna situación es igual a otra en la vida, es casi siempre inútil ver las faltas propias, o al menos detenerse durante mucho tiempo para considerarlas y reprochárnoslas: sería cubrirnos de confusión ante nuestros propios ojos sin beneficio alguno. Tenemos que partir de donde estamos, emplear toda la sagacidad de nuestro juicio para reparar, y también para encontrar los medios con los que lograr esa reparación, pero no hay que ir buscando lo vulnerable, y siempre debemos apartar de nuestra mente el recuerdo de las faltas que hemos cometido: cuando les hayamos sacado todo el jugo que podíamos esperar, apartemos las ideas tristes y sustituyámoslas por agradables, pues ése es uno de los grandes motores de la felicidad. Y esto es algo que está en nuestras manos hacer, al menos hasta cierto punto. Ya sé que en una violenta pasión que nos hace desdichados no depende enteramente de nosotros alejar de nuestra mente las ideas que nos afligen, pero no siempre estamos en estas situaciones tan límites, ni todas las enfermedades son malignas, y las pequeñas tristezas sin importancia, las sensaciones desagradables, aunque leves, merecen ser evitadas.

Me opongo totalmente a quien se felicita por haberse acostumbrado tanto a la idea de la muerte que está seguro de verla de cerca sin temor. Una victoria así debe costarle mucho a quien sostiene tal emprendimiento. Con seguridad es una locura envenenar con esta idea triste y humillante una parte del escaso tiempo que nos queda por vivir, para soportar

Cuando les hayamos sacado todo el jugo que podíamos esperar, apartemos las ideas tristes y sustituyámoslas por agradables, pues ése es uno de los grandes motores de la felicidad.

Las pequeñas tristezas sin importancia, las sensaciones desagradables, aunque sean leves, merecen ser evitadas.

con más resignación un momento que los dolores corporales pueden hacer muy duro, a pesar de nuestra filosofía.

Quien dice sabio dice feliz.

Además, quién sabe si el debilitamiento de nuestra mente, causado por la enfermedad o por la edad, nos dejará recoger los frutos de nuestras reflexiones, o si no quedarán a beneficio de inventario, como se dice y suele ocurrir en esta vida. Tengamos siempre presente, cuando nos obsesione la idea de la muerte, ese verso de un poeta:

El dolor es un siglo y la muerte un instante.

Apartemos de nuestra mente todas las ideas desagradables: son la fuente de la que nacen todos los males que no provienen del cuerpo y que son precisamente los que están a nuestro alcance evitar.

La sabiduría siempre debe hacer bien sus cálculos: porque quien dice *sabio* dice *feliz*, al menos en mi vocabulario. Hay que tener pasiones para ser feliz, pero hay que conseguir que concurran al logro de nuestra felicidad, habiendo algunas a las que hay que impedir la entrada a nuestra alma.

Hay que tener pasiones para ser feliz, pero hay que conseguir que concurran al logro de nuestra felicidad.

No hablo aquí de las pasiones que son en realidad vicios, como el odio, la venganza, la ira. Pero la ambición, por ejemplo, creo que es una pasión de la que debemos defender a nuestro espíritu si queremos ser felices, no porque no pueda otorgarnos placer, ya que pienso que alguno puede provocarnos; tampoco porque la ambición sea un deseo constante, lo que es con seguridad un gran bien, sino porque de todas las pasiones es la que más hace depender nuestra felicidad de los demás, y cuanto menos depende la felicidad de los demás, más fácil nos resulta ser felices.

La ambición es una pasión de la que debemos defender a nuestro espíritu si queremos ser felices.

No tengamos temor de avanzar demasiado en esto, porque siempre dependeremos demasiado de alguien. Por esta razón de independencia, el amor al estudio es de todas las pasiones la que más contribuye a nuestra felicidad. En el amor al estudio se encuentra encerrada una pasión a la que nunca son totalmente ajenos los espíritus profundos: la de la gloria. Podríamos decir, incluso, que ésta es la forma de adquirirla para la mitad del mundo, y es esta mitad precisamente la que no tiene medios para acceder a la educación, tornando imposible su goce para ellos.

Es seguro que el amor al estudio es bastante menos necesario para la felicidad de los hombres que para la de las mujeres. Los hombres tienen infinidad de recursos para ser felices de los que carecen totalmente las mujeres. Tienen otros medios de alcanzar la gloria y está claro que la ambición de hacer que sus talentos sean útiles para su país y sirvan a sus compatriotas, tanto por su habilidad en el arte de la guerra como por sus talentos para gobernar o para negociar, está muy por encima de lo que puede aportar el estudio. Las mujeres están excluidas, por ser mujeres, de

Cuanto menos depende la felicidad de los demás, más fácil nos resulta ser felices.

El amor al estudio es de todas las pasiones la que más contribuye a nuestra felicidad. En el amor al estudio se encuentra encerrada una pasión a la que nunca son totalmente ajenos los espíritus profundos: la de la gloria.

El amor al estudio es bastante menos necesario para la felicidad de los hombres que para la de las mujeres.

todo tipo de gloria, y cuando, por azar, se encuentra alguna que haya nacido con un espíritu lo bastante profundo, sólo le queda por lo general el estudio para consolarla de todas las exclusiones y de todas las dependencias a las que se encuentra condenada por ser mujer.

El amor a la gloria, que es la fuente de tantos placeres y de tantos esfuerzos de todo tipo que contribuyen a la felicidad, a la instrucción y al perfeccionamiento de la sociedad, se apoya totalmente en la ilusión, ya que no hay nada tan sencillo como hacer desaparecer el fantasma detrás del que corren todos los espíritus profundos. Pero, ¡cuánta pérdida para éstos y para los demás! Sé que hay alguna realidad en el amor a la gloria del que se puede gozar en vida, pero no hay ningún héroe, de ninguna clase, que quiera alejarse totalmente del aplauso de la posteridad, de la que se espera más justicia que de la del juicio de los contemporáneos.

No siempre saboreamos el deseo vago de lograr que hablen de nosotros cuando ya no estemos, pero éste se hallará siempre en el fondo de nuestro corazón. La reflexión quisiera hacer sentir su vanidad, pero el sentimiento se le adelanta, y nos asegura que este placer no es en modo alguno una ilusión, porque nos demuestra el bien real y concreto de gozar de nuestra reputación futura. Si el presente fuera nuestro único bien, nuestros placeres estarían mucho más limitados de lo que lo están. Somos felices en el momento presente no sólo por nuestros goces actuales, sino también por nuestras esperanzas en el futuro y por nuestros recuerdos del pasado. El presente se enriquece con el pasado y con el futuro. ¿Quién trabajaría para sus hijos, por la grandeza de su familia, si no disfrutara de la ilusión del futuro? Por mucho que hagamos, el amor propio siempre es el móvil más o menos oculto de nuestra acciones; es el viento que hincha las velas, sin el que la nave no podría avanzar.

He dicho que el amor al estudio era la pasión más necesaria para nuestra felicidad, ya que es un recurso seguro contra la adversidad y una fuente de placer inagotable. Cicerón hacía bien al decir:

Los placeres de los sentidos y los del corazón
están por encima de los del estudio; no es necesario
estudiar para ser feliz, pero podría serlo sentir
dentro de sí este recurso y este apoyo.

Podemos amar el estudio y pasar años enteros, toda la vida quizás, sin estudiar. Felices aquéllos para quienes transcurre de esta forma; porque sólo a placeres más intensos pueden sacrificar un placer que siempre están seguros de hallar, y que se hará tan fuerte que podría compensarlos por la pérdida de los otros.

El amor a la gloria
se apoya totalmente
en la ilusión.

No siempre saboreamos
el deseo vago de lograr
que hablen de nosotros
cuando ya no estemos,
pero éste se hallará
siempre en el fondo
de nuestro corazón.

Somos felices en el
momento presente no sólo
por nuestros goces
actuales, sino también
por nuestras esperanzas
en el futuro y por nuestros
recuerdos del pasado.

Uno de los grandes secretos de la felicidad es moderar los deseos y amar las cosas que se poseen.

Sólo somos felices con los deseos satisfechos.

Amar lo que poseemos, saber disfrutar de ello, saborear las ventajas de nuestra situación, no poner demasiado los ojos en los que nos parecen más felices, entregarnos a perfeccionar lo nuestro y a sacarle el mayor partido posible: esto es lo que se debe llamar felicidad.

Uno de los grandes secretos de la felicidad es moderar los deseos y amar las cosas que se poseen. El objetivo de la naturaleza, es decir, de todo aquello que es instintivo en nosotros, es siempre nuestra felicidad, y sólo nos provoca deseos de acuerdo con el estado en el que nos encontramos. Por naturaleza sólo deseamos una cosa que tenga que ver con otra: un capitán de infantería desea ser coronel, y no se siente desgraciado por no mandar a todo el ejército, por mucho talento con el que se crea para ello. Con nuestro espíritu y nuestras reflexiones fortalecemos esta sabia sobriedad de la naturaleza: sólo somos felices con los deseos satisfechos. Debemos entonces permitirnos desear únicamente las cosas que podamos obtener sin demasiado esfuerzo y trabajo; y esto constituye una certeza que mucho puede hacer por nuestra felicidad. Amar lo que poseemos, saber disfrutar de ello, saborear las ventajas de nuestra situación, no poner demasiado los ojos en los que nos parecen más felices, entregarnos a perfeccionar lo nuestro y a sacarle el mayor partido posible: esto es lo que se debe llamar felicidad. Y creo decir bien al afirmar que el más feliz de los hombres es aquél que menos desea cambios en su estado o situación.

Para gozar de esta felicidad, hay que curar o prevenir una enfermedad de otro tipo que se opone totalmente a ella, y que por desgracia es demasiado común: la insatisfacción. Esta actitud se opone a toda posibilidad de disfrutar, y por consiguiente, a todo tipo de felicidad.

El pensamiento correcto, es decir, el firme convencimiento de que no tenemos otra cosa que hacer en este mundo que ser felices, es un remedio seguro contra esta enfermedad de la insatisfacción, de la que los espíritus sanos, aquéllos que son capaces de sostener principios y enfrentar consecuencias, están exentos para siempre.

La insatisfacción se opone a toda posibilidad de disfrutar, y por consiguiente, a todo tipo de felicidad.

Hay una pasión muy poco razonable a los ojos de los pensadores, cuyo motivo, por muy disfrazado que esté, es incluso humillante y debería bastarnos para curarnos de ella, pero que puede, no obstante, hacernos felices: es la pasión por el juego. Es una dicha tener esta pasión si la podemos moderar y reservarla para ese momento de nuestra vida en que este recurso nos puede ser necesario: el tiempo de la vejez. No cabe duda de que el amor al juego tiene su origen en el amor al dinero; no hay nadie para quien las apuestas fuertes, es decir, aquéllas que pueden traer cambios a nuestro patrimonio, no sean asunto de su interés.

Nuestro espíritu desea ser conmovido por la esperanza o el temor; sólo es feliz con las cosas que le hacen sentir con intensidad su existencia. El juego nos hace permanentemente presa de estas dos pasiones y mantiene así nuestro espíritu en tal emoción que se transforma en uno de los grandes principios de la felicidad que llevamos en nuestro interior. El placer que me ha procurado el juego ha servido a menudo para consolarme de no ser rica. Me creo lo bastante sana de espíritu como para que lo que

No tenemos otra cosa que hacer en este mundo que ser felices.

Nuestro espíritu desea ser conmovido por la esperanza o el temor; sólo es feliz con las cosas que le hacen sentir con intensidad su existencia.

resulta una mediana riqueza para cualquier otro me baste para hacerme feliz. Por lo que el juego debiera haberme resultado desabrido, según yo temí en un momento. Pero esta idea me convenció de que debía el placer del juego a mi escasa fortuna, y esto sirvió para consolarme.

Es seguro que las necesidades físicas son la fuente de los placeres de los sentidos, y estoy persuadida de que hay más placer en una riqueza mediana que en una abundancia absoluta. Una joya, una porcelana, un mueble nuevo son para mí un verdadero placer, pero si tuviera treinta joyas, sería poco sensible a la número treinta y uno. Nuestros sentidos se embotan con facilidad en la abundancia y hay que dar gracias a Dios por habernos procurado las privaciones necesarias para conservarlos despiertos. Es lo que hace que un rey se aburra tan a menudo que se torna imposible que sea feliz, a menos que haya recibido del Cielo un espíritu lo bastante grande como para ser susceptible de los placeres de su estado, es decir, el hacer felices a un gran número de hombres. Estado que se convierte en el primero de todos en cuanto a su felicidad, como lo es ya por el ejercicio del poder.

Nuestros sentidos se embotan con facilidad en la abundancia y hay que dar gracias a Dios por habernos procurado las privaciones necesarias para conservarlos despiertos.

He afirmado que cuanto más depende de nosotros nuestra felicidad, más garantizada la tenemos y, no obstante, la pasión que puede proveernos de mayores placeres y hacernos más felices, obliga a nuestra felicidad a depender enteramente de los demás: hablo del amor.

Esta pasión quizás sea la única que pueda darnos deseos de vivir, hacernos agradecer al creador por habernos dado la existencia. Un poeta inglés tiene razón al decir que los dioses han colocado esta gota celeste en el cáliz de la vida para darnos el valor de soportarla:

Debemos amar, porque es lo que nos sostiene:
es que sin amor es triste ser hombres.
Rochester

Si esta inclinación mutua, que es un sexto sentido, y el más fino, el más delicado, el más precioso de todos, une a dos almas igualmente sensibles a la felicidad, al placer, todo está dicho, no hace falta más para ser felices, el resto es indiferente, sólo es necesaria la salud. Hay que utilizar todas las facultades del alma para gozar de esta felicidad, hay que abandonar la vida cuando se pierde, y tener la seguridad de que cualquier cosa es nada a cambio de un cuarto de hora de semejante gozo.

Es justo que tal felicidad sea rara; si fuera corriente, más valdría ser hombre que dios, al menos tal y como nos lo podemos representar. Lo mejor que podemos hacer es convencernos de que esta felicidad no es imposible. No sé si el amor ha reunido alguna vez a dos personas hechas hasta tal punto la una para la otra que no hayan conocido jamás la satisfacción del gozo hasta el hartazgo ni el enfriamiento que trae consigo la

He afirmado que cuanto más depende de nosotros nuestra felicidad, más garantizada la tenemos, y, no obstante, la pasión que puede proveernos de mayores placeres y hacernos más felices, obliga a nuestra felicidad a depender enteramente de los demás: hablo del amor.

Si el amor une a dos almas igualmente sensibles a la felicidad, al placer, no hace falta más para ser felices.

Un espíritu tierno y sensible es feliz con el mero placer que encuentra al amar.

seguridad, ni la indolencia y la tibieza que nacen de la facilidad y de la continuidad de un intercambio cuya ilusión nunca se destruye (porque, ¿dónde se da más que en el amor?) y cuyo ardor, en fin, fuese igual en el gozo o en la privación, y pudiera soportar con igual ánimo las desgracias o los placeres.

Un corazón capaz de semejante amor, un espíritu tan tierno y firme, parece haber agotado el poder del creador; nace uno por siglo, como si producir dos estuviese por encima de su potencia o, tras producirlos, estuviera celoso de sus placeres al encontrarse ambos.

Aunque nuestras ideas de felicidad no se vean enteramente colmadas con el amor del ser al que amamos, el placer que sentimos al abandonarnos a toda nuestra devoción puede bastar para hacernos felices.

El amor puede hacernos felices de forma más sencilla: un espíritu tierno y sensible es feliz con el mero placer que encuentra al amar. No quiero decir con esto que se pueda ser perfectamente feliz amando sin ser amado. Quiero decir que, aunque nuestras ideas de felicidad no se vean enteramente colmadas con el amor del ser al que amamos, el placer que sentimos al abandonarnos a toda nuestra devoción puede bastar para hacernos felices. Y si este espíritu conserva la felicidad de abrirse a las ilusiones, de hacerse ilusión, es imposible que no se crea más amado de lo que en realidad es. Debe amar tanto que ama por dos y el calor de su corazón suple al que le falta verdaderamente para su felicidad.

Un carácter sensible, penetrante y apasionado, debe sin duda pagar el costo de los inconvenientes que llevan consigo estas cualidades. De ellas no sabría decir si son buenas o malas, pero creo que cualquiera que pudiese crear un individuo, las incluiría. Una primera pasión lleva fuera de sí hasta tal punto a un espíritu de esta calidad, que permanece inaccesible a cualquier reflexión o a cualquier idea moderada. Puede sin duda acarrearle grandes pesares, pero el mayor inconveniente que lleva consigo esta sensibilidad apasionada es que es imposible que alguien que ame con tal exceso sea amado, y que no hay prácticamente ningún hombre cuya inclinación amorosa no disminuya ante el conocimiento de semejante pasión.

Esto debe parecerle extraño a quien no conozca aún lo suficiente el corazón humano, pero ante nada de lo que reflexionemos sobre lo que nos ofrece la experiencia, sentiremos que para conservar durante más tiempo el corazón de quien nos ama, deben actuar siempre la esperanza y el temor sobre él. Una pasión como la que acabo de describir produce tal abandono de uno mismo que nos hace capaces de cualquier locura; el amor nos brota por todos los poros.

Se empieza siendo adorado y, siendo imposible que se dé de otra manera, pronto la seguridad de ser amado, el hastío de tenerlo todo previsto y la desventura de no tener nada que temer, nos embotan el deseo.

Así está hecho el corazón humano. Y no se crea que hablo de este modo por rencor. He recibido de Dios, es cierto, una de estas almas tiernas e inmutables que no saben moderar ni disfrazar sus pasiones, que no conocen el hastío ni el desánimo, y cuya tenacidad sabe resistirlo todo, incluso la seguridad de haber dejado de ser amada. Pero he sido feliz durante diez

Es imposible que alguien que ame con gran exceso sea amado. No hay prácticamente ningún hombre cuya inclinación amorosa no disminuya ante el conocimiento de semejante pasión.

El amor nos brota por todos los poros.

años con el amor de aquél que ha subyugado mi alma, y estos diez años los he pasado a solas con él sin ningún momento de hastío ni de languidez.

Cuando la edad, las enfermedades, y quizá también un poco la facilidad del arribo al placer disminuyeron su deseo, pasó mucho tiempo antes de que me diera cuenta. Yo amaba por dos, pasaba mi vida entera con él, y mi corazón, ajeno a la sospecha, gozaba del placer de amar y de la ilusión de creerse amada.

Cuando la edad, las enfermedades y la facilidad del arribo al placer disminuyen el deseo del otro, a veces uno no lo advierte, y ama por los dos, sin sospechar, gozando del placer de amar y de la ilusión de creerse amado.

Es cierto que he perdido este feliz estado y que esto me ha costado abundantes lágrimas. Porque para romper estas cadenas son necesarios terribles cataclismos: la herida de mi corazón sangró durante mucho tiempo, tuve razones para quejarme, y al fin lo he perdonado todo. He sido lo bastante justa como para sentir que mi corazón era tal vez el único en el mundo en poseer esa inmutabilidad que aniquila el poder de los tiempos. Si la edad y las enfermedades no hubieran apagado totalmente los deseos, quizás los hubiera seguido poniendo en mí, y el amor me los hubiera devuelto. En fin, que su corazón, incapaz de amor, me amaba con la amistad más tierna y me había consagrado su vida. La certidumbre del retorno imposible de sus deseos y su pasión, no siendo algo que esté en la naturaleza, condujo insensiblemente a mi corazón al sentimiento apacible de la amistad, y este sentimiento, unido a la pasión por el estudio, me hace hoy bastante feliz.

Sin embargo, ¿puede un corazón tan apasionado verse colmado por un sentimiento tan apacible y tan débil como la amistad? No sé si debemos aguardar, si debemos desear incluso mantener siempre la sensibilidad en esa especie de apatía a la que es difícil acceder. Sólo somos felices con sentimientos intensos y agradables, así que ¿por qué prohibirnos los más intensos y los más agradables de todos? Lo que hemos vivido, las reflexiones que nos hemos visto obligados a hacer para conducir nuestro corazón a esta apatía, el trabajo mismo que nos ha costado reducirlo a ella, debe hacernos temer dejar un estado que no es desgraciado, para padecer desdichas que la edad y la pérdida de la belleza harían inútiles.

Sólo somos felices con sentimientos intensos y agradables.

¡Bonitas reflexiones, muy útiles reflexiones!, se me dirá. Veremos de qué sirven si experimentamos atracción hacia alguien que se ha enamorado de nosotros. Pero creo que es un error suponer que estas reflexiones son inútiles. Las pasiones, pasados los treinta años, ya no nos conmueven con el mismo ímpetu. Afirmo que sería posible resistir a las atracciones, si lo deseamos con fuerza y estamos persuadidos de que causarán nuestra desgracia. Sólo cedemos a ellas porque no estamos demasiado convencidos de la seguridad de estas reflexiones y mantenemos la esperanza de ser felices. Y así tiene que ser. ¿Por qué negarnos la esperanza de ser felices, y de la forma más intensa? Pero si bien no hay que negarse esta esperanza, no por eso hay que llamarse a engaño sobre los medios de arribar a la

No debemos negarnos la esperanza de ser intensamente felices.

felicidad. La experiencia debe enseñarnos al menos a contar con nosotros mismos, y a lograr que nuestras pasiones contribuyan a nuestra felicidad.

La experiencia debe enseñarnos a lograr que nuestras pasiones contribuyan a nuestra felicidad.

Podemos cargar con las pasiones hasta cierto punto. No lo podemos todo, sin duda, pero podemos mucho, y anticipo, sin temor a equivocarme, que no hay pasión que no se pueda superar si estamos firmemente convencidos de que sólo ha de servir para nuestra desgracia.

Lo que nos hace equivocarnos en nuestra adolescencia es que somos incapaces de reflexión, no tenemos experiencia y nos imaginamos que recuperaremos el bien que hemos perdido a fuerza de correr tras de él. Sin embargo, la experiencia y el conocimiento del corazón humano nos enseñan que cuanto más corramos tras de él, más huirá de nosotros. Es una perspectiva engañosa que desaparece cuando creemos alcanzarla. La atracción es algo involuntario inmune a la persuasión y que casi nunca se puede reavivar.

La atracción es algo involuntario inmune a la persuasión y que casi nunca se puede reavivar.

¿Cuál es el objetivo de ceder a la atracción que se tiene por alguna persona? ¿Acaso no se es feliz por el placer de amar y de ser amado? De la misma manera que sería ridículo negarse este placer por temor a una desdicha venidera, que quizás no sobrevenga hasta después de haber sido muy feliz, con lo que se produciría una compensación. Debemos pensar en curarnos y no en arrepentirnos. Una persona razonable debería ruborizarse tanto de no tener la felicidad en sus manos como de dejarla enteramente en las de otro.

El gran secreto para que el amor no nos haga desgraciados es tratar de no tener peleas con el amante, no manifestarle nunca ganas cuando se enfría, ser siempre un grado más fría que él. Es algo que no nos lo devolverá, pero nada nos lo podrá devolver: no hay nada que hacer, salvo olvidar a una persona que nos deja de amar. Si nos ama todavía, nada hay más capaz de reavivar y de devolver a su amor el primer ardor que el temor a perdernos y a ser menos amado. Sé que este secreto es difícil de poner en práctica para las almas tiernas y auténticas, pero ningún esfuerzo es demasiado para practicarlo, siéndoles a éstas, por otra parte, más necesario que a otras.

La experiencia y el conocimiento del corazón humano nos enseñan que cuanto más corramos detrás de un amor perdido, más huirá de nosotros.

Nada degrada tanto como los afanes por recuperar un corazón frío o inconstante: es algo que nos envilece a los ojos de aquél que deseamos conservar, y a los de los hombres que podrían pensar en nosotras. Pero lo peor es que nos hace desgraciadas y nos atormenta inútilmente. Hay que seguir esta máxima con ánimo inquebrantable, y no claudicar nunca en este punto ante nuestro propio corazón.

Hay que tratar de conocer el carácter de la persona a la que nos atamos, antes de ceder a la atracción que nos produce.

Hay que tratar también de conocer el carácter de la persona a la que nos atamos, antes de ceder a la atracción que nos produce. Es necesario que el pensamiento aporte su consejo; no el pensamiento que condena todo tipo de compromiso como contrario a la felicidad, sino el que, con-

No hay nada que hacer, salvo olvidar a una persona que nos deja de amar.

cediendo que no se puede ser demasiado feliz sin amar, busca que sólo amemos por nuestra felicidad y que superemos una atracción con la que resulta evidente que sólo sufriremos desdichas.

Sin embargo, cuando esta atracción ha sido muy fuerte, cuando ha superado a toda reflexión, como suele ocurrir frecuentemente, no hay que hacer gala de una constancia ridícula como fuera de lugar. Es buena ocasión para practicar el proverbio aquél que dice que *las locuras más breves son las mejores.* Y, sobre todo, las desdichas más breves, porque hay locuras que nos harían muy felices, si duraran toda la vida.

No hay que avergonzarse de haberse equivocado. Hay que curarse, cueste lo que cueste. Y, sobre todo, hay que evitar la presencia de alguna cosa que no pueda sino estremecernos, hacernos perder el fruto de nuestras reflexiones: porque en los hombres la coquetería sobrevive al amor. No quieren perder ni su conquista ni su victoria. Con mil coqueterías saben reavivar un fuego mal apagado y mantenernos en un estado de incertidumbre tan ridículo como insoportable.

No hay que avergonzarse de haberse equivocado. Hay que curarse, cueste lo que cueste.

Hay que cortar por lo sano, hay que romper sin retorno; es necesario romper la amistad y desgarrar el amor; en fin, corresponde al ejercicio del pensamiento darnos la felicidad. En la infancia es algo que sólo incumbe a nuestros sentidos. En la juventud, el corazón y el espíritu comienzan a ocuparse de ello, aunque con la subordinación al corazón, que es el que decide todo. En la edad madura, el pensar debe entrar en el juego, ya que a él le corresponde hacernos sentir que debemos ser felices, cueste lo que cueste.

Cada edad tiene unos placeres que le son propios. Los de la vejez son los más difíciles de obtener: el juego y el estudio, si somos todavía capaces de ello, la gula, la consideración, son patrimonio de la vejez. Sin duda, no son sino consuelos. Felizmente, sólo de nosotros depende adelantar el final de nuestra vida, si se hace esperar demasiado. Sin embargo, mientras nos resolvamos a soportarla, tenemos que tratar de hacer penetrar el placer por todas las puertas que lo hagan llegar hasta nuestra alma. No tenemos otra cosa que hacer.

Tratemos, entonces, de conservar la salud, de no tener prejuicios, de tener pasiones, de lograr que contribuyan a nuestra felicidad, de sustituir nuestras pasiones por atracciones, de conservar celosamente nuestras ilusiones, de ser virtuosos, de no arrepentirnos jamás, de alejar de nosotros las ideas tristes y de no permitir nunca a nuestro corazón que conserve una chispa de deseo por alguien cuyos deseos disminuyen, dejándonos de amar.

Algún día tendremos que renunciar al amor, a medida que vayamos envejeciendo, y en ese día dejará de hacernos felices. Pensemos entonces

Felizmente, sólo de nosotros depende adelantar el final de nuestra vida, si se hace esperar demasiado. Sin embargo, mientras nos resolvamos a soportarla, tenemos que tratar de hacer penetar el placer por todas las puertas que lo hagan llegar hasta nuestra alma. No tenemos otra cosa que hacer.

en cultivar la inclinación hacia el estudio, una inclinación que hace que nuestra felicidad dependa únicamente de nosotros mismos.

...y tratemos de sembrarlo de flores.

Preservémonos de la ambición y, sobre todo, sepamos muy bien lo que queremos ser. Decidamos el camino que queremos tomar para pasar nuestra vida y tratemos de sembrarlo de flores.

VIENE DE LA PÁGINA 32.

El rey tocaba la flauta mientras el filósofo le leía poemas. En esos tiempos Voltaire y Federico se llamaban mutuamente "amante" y "mantenida", apelativo aquél que el francés llevó al extremo al referirse al prusiano como "*una respetable, singular y amable puta*". La homosexualidad en la corte era parte de los placeres cotidianos con los que se divertían y gozaban los integrantes de un círculo estrictamente masculino. Y explicaba la intensa afición de Federico por Voltaire y su animosidad hacia Emilia.

Pero tal tipo y grado de relación no sirvió para que el francés se enterara a tiempo de las intenciones políticas de su íntimo amigo. En la noche del 12 de diciembre de 1740, Federico dio un baile de máscaras en su palacio. Y en el siguiente amanecer sus tropas invadieron sorpresivamente Silesia.

Esto evidenció el fracaso de la misión de Voltaire y lo predispuso para el regreso. Pero para desprenderse del abrazo posesivo de Federico debió mostrarle las insistentes cartas de Emilia amenazándolo con culparlo de su suicidio. El rey se refirió entonces a ella como la "*despótica Emilia, violenta en sus celos*", y le rogó a su amigo que permaneciera con él tres días más, pasados los cuales le permitió partir aunque embarcándolo en una larguísima y agotadora travesía invernal a través de todos los estados alemanes.

Mientras tanto, Emilia, furiosa al enterarse de lo que había sucedido en la corte prusiana, pero con la esperanza del cercano encuentro con Voltaire, parte de París hacia Bruselas para encontrarse allí con él.

GRABADO DE E. SICQUERS

En una carta desde Bruselas, del 24 de diciembre de 1740, Emilia se explica ante su amigo Richelieu por haber pretendido una nueva aproximación amorosa:

He sufrido las dos únicas desdichas que podían llegarme al corazón: tengo motivos para quejarme de aquél por quien lo dejé todo (se refiere a Voltaire) *y sin el cual el universo (si usted no formara parte de él) no significaría nada para mí. Y mis mejores amigos sospechan que mi conducta es indigna. Su amistad es mi único consuelo, pero nos separa una gran distancia. Mi corazón se siente a sus anchas en su compañía, porque sólo usted lo comprende. Lo que les parece a otros una lastimosa locura es un sentimiento que no le es extraño a su naturaleza, aún cuando pueda no parecer natural.*

No sé por qué le hice esa confesión

Durante el lapso de la separación, a la tristeza y angustia por la misma, ella debió sumar múltiples contrariedades. En París corría el rumor malintencionado de que su desesperación por la ausencia de su amante se debía a que él era en realidad el que le dictaba sus obras. Después las murmuraciones se encaminaron a afirmar que los trabajos de traducción y comentario en los que estaba empeñada eran de la autoría del filósofo Koenig. Y finalmente fue epicentro de un episodio amoroso frustrado y de íntima humillación con quien había sido su ardoroso amante hacía mucho, luego amigo y confidente, y en ese momento, a finales de 1740, reciente viudo de su más íntima amiga: el Duque de Richelieu.

Al parecer, estando en Fointainebleu, impetuosa y en crisis por todos los sucesos que estaba viviendo, Emilia intentó que resurgiera de sus cenizas la relación amorosa con el duque. Pero éste la rechazó.

El primer día del nuevo año de 1741, Voltaire por fin llega y se abraza con Emilia. Sus ojos están irritados, enrojecidos por la emoción y por contener las lágrimas. Pero él es incorregible: en una carta posterior a Federico, al referirse a este hecho, le dice que sus ojos estaban irritados por culpa de Emilia, la que le había hecho perder no sólo la vista, sino también la felicidad de la que gozaba junto a su amado rey. Mientras que a quienes lo quisieran escuchar en Francia les asegura que había llorado de emoción porque Madame Du Châtelet le había parecido muy por encima de cualquiera de los monarcas que había conocido.

Sin embargo los placeres y las orgías homosexuales de la corte prusiana, así como la absorbente pasión de Federico, habían dejado huellas en Voltaire. En su primer encuentro amoroso, él, impotente, le dice a Emilia que está demasiado viejo para hacer el amor. A sus cuarenta y seis años asegura que "*el corazón no envejece, pero este inmortal está condenado a vivir como una ruina*".

Emilia se revuelve, presa de una terrible furia. Su enojo y su frustración no tendrán límites. A quien quiera oírla le dirá desde entonces que desafiaba al rey de Prusia a que llegara a odiarla tanto como ella lo odiaba.

Pero todas estas reacciones eran fuegos de artificio o mera lluvia de chispas surgidas del encuentro de los dos después de tanto tiempo. Emilia no quería a Voltaire por sus capacidades amatorias. Jamás la unión de la pareja se fundamentó en el amor físico. Por lo que muy pronto todo retornó a la normalidad. Voltaire a sus escritos y trabajos, aliviado del acoso de Federico, a quien el fruto de su guerra lo mantenía muy ocupado, y Emilia a algún amante de otro tipo, a alguna aventura ardiente y pasajera.

Y así se dio durante los siguientes meses, en los que permanecieron en Bruselas. En una paz sólo interrumpida por la noticia de la muerte de Maupertuis en plena guerra de ocupación de Silesia por Federico, y cuando el francés viajaba para reunirse con él. Muerte luego desmentida al saberse que sólo había caído en manos de los campesinos silesianos, tenidos por brutales y despiadados, y generadora de jocosos comentarios al conocerse los detalles, ya

en Fontainebleu. No me lo pregunte, porque no puedo explicarlo.
Sólo era la verdad, y siempre quiero
que sepa la verdad sobre mí.
No pude contenerme.
Podría lamentarlo ahora, pero lo
conozco tan bien, pero tan bien,
que siempre le diré abiertamente,
y sin el menor remordimiento,
lo que mi corazón siente por usted.
Es inútil decir "todo esto es imposible", porque yo tengo una réplica a
la que no se puede refutar: "es así",
aún si no es de su agrado.

Para entenderte con los hombres,
conviene que tengas a las mujeres
de tu lado. Y para entenderte
con las mujeres, conviene
que las conozcas.

VOLTAIRE

GRABADO DE F. SIMM

que el apuesto profesor apareció en el campamento austríaco tal como Dios lo trajo al mundo.

Emilia le escribió congratulándose de que siguiera vivo.

En octubre, después de varios meses de tranquilidad y de trabajo, Emilia y Voltaire decidieron volver a su mansión de Cirey, pero haciendo una previa escala en París. En la gran ciudad se alojaron en una casa donde ya había vivido él en un período anterior y, después del verano de 1742, en otra, de reducidas dimensiones, que alquiló Emilia en el número 13 del Faubourg Saint-Honoré, al lado del Hotel de Charost, la que sería su residencia parisina por los siguientes tres años, hasta el verano de 1745.

A todo esto Federico, el rey prusiano, ya con cierto tiempo libre, volvió a su batalla íntima por recuperar a Voltaire, y por apartar a Madame Du Châtelet de su lado. Y la oportunidad se le dio a raíz de la pésima imagen que se tuvo de él en París después de firmar una paz unilateral con la reina de Austria, contra quien guerreaba, sin consultar a los franceses, con quienes se había aliado. En esa ocasión, Voltaire le envió una carta muy comprometedora y plagada de efusiones a Federico, el que ordenó secretamente que se hiciesen copias y se distribuyeran por todo París con la finalidad de que nuevamente el filósofo fuera repudiado y expulsado de Francia.

Y si bien no sucedió exactamente lo deseado por Federico, todo se le puso muy difícil a Voltaire. Por lo que poco después los dos amantes dejaron París y se encaminaron hacia Bruselas. En el camino se detuvieron en Rheims, donde crónicas de la época hablan especialmente de Emilia, ya que en la primera noche, en una cena con baile que se dio en honor de tan ilustres visitantes, cantó y bailó hasta el cansancio, además de comer y beber tan copiosamente que provocó todo tipo de comentarios. Voltaire se mostró en todo momento muy cariñoso con ella, mientras sigilosamente se disponía a serle infiel con una de las cortesanas que habían concurrido a la fiesta.

Al llegar a Bruselas los aguardaba una carta del Cardenal Fleury rogándole a Voltaire que visitara a Federico, en ese momento en Aquisgrán, para ver si podía conseguir alguna información acerca de las intenciones políticas del monarca. Así, el pensador francés tuvo en sus manos la perfecta excusa para unirse nuevamente con Federico sin provocar los reproches y el enojo de Emilia.

Pero el viaje no fue exitoso y la estadía no pudo sostenerse más allá de unos cinco o seis días, al cabo de los cuales Voltaire regresó a Bruselas y a Emilia. Federico había sido extraordinariamente amable y afectivo, pero mudo en relación a sus planes y proyectos.

Después de esa Navidad de 1742, los dos regresaron a París.

Pero aún el gran Federico de Prusia no había dado su última batalla por Voltaire. Y los destinos de ambos iban a volver a cruzarse, en medio de la gran desesperación de Emilia.

Aunque en realidad no era solamente Federico el que deseaba a Voltaire;

Grabado de J. E. Millais

GRABADO DE D. HERNÁNDEZ

ya que también Voltaire deseaba estar con Federico. Y así se generó una especie de comedia de enredos entre ambos que culminó en el cuarto viaje del filósofo a la corte prusiana. Porque la diplomacia francesa, con la anuencia de Voltaire, dispuso secretamente todo el espectáculo necesario para justificar una nueva expulsión de Francia del "niño terrible", el que no tendría más remedio que huir y caer en brazos de su rey amigo, quien lo recibiría con el corazón abierto sin advertir que todo había sido preparado para conocer sus intenciones ocultas y los próximos pasos que iba a dar en el convulsionado escenario europeo.

Lo insólito, o no tanto, era que el rey prusiano conocía toda la jugada. Y Voltaire sabía que Federico la conocía. Y Federico no ignoraba que su admirado amigo tenía a su vez conocimiento de que él estaba en el juego. Por lo que ambos aprovechaban toda la situación para volver a estar juntos. Y además uno con todos los gastos pagos y el otro con el sabor de haber vencido nuevamente a *"la belle Émilie"*.

Por otra parte, y fuera del placer de alabarse mutuamente, de asistir a una sucesión de comilonas y orgías homosexuales, de distraerse uno de las demandas y complejidades de su cargo y de vanagloriarse el otro de codearse tan íntimamente con un rey, había ciertas cosas menudas, como el objetivo de Voltaire de cobrarle a Federico una serie de viejas deudas, el logro de una pensión extra de un año pagada por el gobierno francés, y la participación en algunos "negocios" a través de testaferros, como el monopolio de abastecer al ejército de ropa y de alimento a sus caballos, concedido a unos primos suyos.

Pero Federico no le pagó a Voltaire ni un céntimo de las viejas deudas que tenía con él, y no le dio tampoco ni la más mínima información acerca de sus propósitos políticos. Sólo quería tenerlo con él porque le gustaba su compañía, y porque le arrebataba al rey de Francia su más brillante intelectual, además, por supuesto, del divertimento extra de hacer rabiar a una mujer de tan sanguíneo carácter como Emilia.

Por lo que Voltaire, con las manos semivacías y sus intereses personales frustrados, no pudo justificar por mucho tiempo su permanencia en la corte prusiana, a pesar de que envió extensos informes de inteligencia que en realidad no contenían más que datos banales.

Este viaje de Voltaire comenzó terriblemente para él, ya que Emilia, presa de una furia incontenible y después de rogarle vanamente que no partiera, se trenzó en inacabables y desesperadas discusiones, de tal calibre, que fueron el comentario de toda Francia.

Se comentó en corrillos cortesanos que en ocasión de una de las terribles peleas, Voltaire le había gritado a Emilia que no lo mirara

"con esos ojos azorados y turbios".

Aunque pronto llegó la calma, una relativa calma. Voltaire no tuvo más remedio que contarle toda la jugada secreta, y prometerle además su participación en el espionaje, al convertirla en la única intermediaria de todos los mensajes cifrados que él enviaría. Sólo así pudo partir en paz.

Pero Emilia estaba aún profundamente enamorada de él. Y no buscaba una mera participación en una aventura que por otra parte no le interesaba. Si su reacción parecía desmedida, era seguramente porque comenzaba a advertir lo

SEGÚN VOLTAIRE, FEDERICO:

"...se levantaba a las cinco en verano y a las seis en invierno. No había ceremonias, no había 'grandes et petites entrés'; entraba un lacayo, encendía el fuego y vestía y afeitaba al soberano. El dormitorio era suntuoso, con una balaustrada de plata alrededor de la alcoba. Pero las cortinas del lecho ocultaban una estantería de libros y el rey dormía sobre un delgado colchón colocado detrás de un biombo. Ningún estoico había nunca dormido tan incómodamente. Una vez vestida y calzada Su Majestad, el estoico se consagraba un rato a la secta de Epicuro. Unos cuantos de sus favoritos del momento -jóvenes tenientes, cadetes o pajes- tomaban el café con él y luego se retiraban, aunque alguno siempre quedaba detrás".

(N. MITFORD, "LOS AMORES DE VOLTAIRE")

que luego describiría en sus reflexiones sobre la felicidad: él había perdido la pasión por ella y sólo la quería como una inteligente e interesante compañera, el otro término de una bella amistad, y, en todo caso, también como un apoyo para sus miedos a las enfermedades, al dolor y a la muerte.

En un informe a sus superiores, uno de los espías secretos introducidos en la casa de Emilia y Voltaire, y que tenía como misión la vigilancia de la correspondencia que fuera llegando, así como tareas de protección a Emilia, relató que "*desde el momento de la partida de Voltaire, la mujer se pasó llorando todo el sábado y parte del día de hoy porque no había recibido una carta del viajero*".

Este cuarto viaje de Voltaire a la corte de Federico se extendió desde junio hasta octubre de 1743. Una semana después de su partida le llegó a Emilia la primera y única carta que él le escribiría en los primeros tiempos. En ella se trasluce cuánto la necesita ante las aprehensiones y temores que se le manifiestan al encontrarse solo y en situación de viaje.

Ya llegado Voltaire a la corte prusiana, en Berlín, Federico se adueñó del francés. Pero éste muy pronto no se sintió totalmente a gusto allí. Mal humor que volcó en Emilia, la que se quejó amargamente de no recibir casi ninguna carta suya.

Sin embargo, Voltaire volvió a sentirse bien cuando Federico debió marcharse para una gira por los estados alemanes y él se alojó en Bayreuth, en la corte que se había conformado alrededor de Margravina, la reina de Prusia, totalmente alejada de las proximidades de su esposo.

Entre la reina y sus hermanas, el filósofo encontró un ambiente más cálido. En ese período le escribió exaltadas cartas a Emilia, describiéndole los placeres de que disfrutaba y cuán a gusto se sentía. Lo que la atormentó a ella de tal modo, que comenzó a preguntarse si él volvería alguna vez.

Pero al regreso de Federico de su gira, Voltaire tuvo que volver a su lado y participar de una sociedad casi estrictamente homosexual. Y de un embate muy intenso del rey para que se radicara definitivamente allí. Una vez más, Voltaire tuvo que optar. Y nuevamente prefirió volver a Emilia, por lo que comenzó los preparativos de su retorno.

A fines de octubre llegó por fin a Bruselas, donde lo esperaban los Châtelet. Emilia estaba muy deprimida y llorosa. Se compadecía permanentemente de su desgracia y soledad pasada. Y se quejaba de la ausencia de cartas de él durante prolongados lapsos, decidida a que Voltaire se enterara de lo mucho que había sufrido.

Pero él, en una carta a un conocido que data de apenas unas horas después de haber llegado, no hace mención a pesar alguno de Emilia, y comenta que la ha encontrado de mucha mejor salud que la suya propia.

Este breve período en Bruselas, acompañados por el esposo de Emilia, fue de reconciliación y alegría para ella y Voltaire. Ambos se sentían felices: ella dijo que él la seguía amando, y él que jamás ella había estado más adorable. Un par de días después partieron hacia París, mientras que el Marqués Du

Grabado de A. Hering

En sus "*Memorias*", el Presidente Hénault, un noble muy amigo de la reina de Francia, narra cómo era Cirey en julio de 1744, cuando pasó por allí para visitar a Voltaire y a Madame Du Châtelet, en camino a las aguas termales de Plombières:

"*La arquitectura de la casa es romántica y de una magneficencia que sorprende.*

Châtelet retornó a Cirey, pero con la promesa de pasar juntos los tres el próximo verano.

Ese invierno de fines de 1743 y principios de 1744 Voltaire lo pasó casi todo en cama, enfermo. Vivía en la casita que Emilia había alquilado en el número 13 del Faubourg Saint-Honoré. Tenía una aventura amorosa con una actriz, la señorita Gaussin, quien lo visitaba cuando se ausentaba Emilia.

En cuanto a la relación entre ambos, ésta había empeorado. Él no la trataba con cariño e incluso lo hacía desabridamente. Hasta le había hecho algunas escenas que concluyeron en tristeza y llantos. Por otra parte, el esposo de Emilia se había puesto muy insistente, solicitándole a ella que viajara a Cirey, ya que Voltaire se negaba a partir. Pero finalmente, más porque necesitaba la soledad de la casa de campo para encarar una próxima obra que por ceder a los ruegos de Emilia, aceptó. Y así, a principios de abril de 1744 emprendieron la travesía.

A poco de llegados a Cirey, Voltaire recibe la noticia de la muerte del señor Denis, esposo de una sobrina suya. Suceso que va a cobrar después gran importancia para la relación entre Emilia y el filósofo.

Pero ese tiempo de verano en la casa de campo resultó maravilloso para ambos. Ella comentó más tarde que ése había sido uno de los momentos más felices de su vida con él, y él que nunca sintió a Cirey tan deslumbrante, llamándolo en sus cartas "*mi reino y mi academia*" o colocando después de la fecha de las mismas: "...*Cirey, en felicidad.*" También contó que la señora de Châtelet trabajaba al lado suyo en la galería abierta de la casa y que "*ésa era la causa de que se respirase allí la felicidad*".

Este extraordinario momento en la relación entre Emilia y Voltaire quedó reflejado en las palabras del Presidente Hènault, gran amigo de la reina, que los visitó en julio y le escribió de inmediato al Conde d'Argenson: "*Nunca he visto nada parecido. Ahí tiene usted a los dos, solos, llevando una vida en extremo grata. Él hace versos y ella triángulos*".

Pero no se detuvo aquí el presidente. Al regresar a París le escribió a Voltaire diciéndole que había quedado gratamente complacido "*por su felicidad en común*". Y, al dictar sus "Memorias", registró en ellas la visita a los dos personajes tan famosos que convivían de una manera tan inusual para la época: "*Los he encontrado sin más compañía que la de un padre fransciscano, gran geómetra y profesor de filosofía en Roma. Si alguien quisiese pintar un delicioso lugar de retiro, un pacífico refugio, una tranquila comunión de espíritus, amenidades y talentos, la reciprocidad en la admiración y el atractivo de la filosofía enlazado al encanto de la poesía, tendría que pintar a Cirey. Un sencillo y elegante edificio de un solo piso contiene gabinetes llenos de instrumentos tanto mecánicos como químicos y a Voltaire en su cama, comenzando, continuando y acabando obras de todas clases*".

Cuando terminaba el verano, para fines de agosto de 1744, Emilia y Voltaire regresaron a la casita de París. Desde ese momento, y durante casi todo el año siguiente, vivieron allí aunque con periódicos viajes a la mansión de

Voltaire tiene unas habitaciones que terminan en una galería que recuerda ese cuadro, 'La Escuela de Atenas', donde hay una colección de toda clase de instrumentos para matemática, física, astronomía y demás, todo ello junto a lacas antiguas, espejos, cuadros, porcelana de Dresde; verdaderamente, le aseguro que se cree estar soñando".

Sobre la puerta de la galería donde Emilia y Voltaire solían trabajar juntos, él escribió:

"Refugio de las bellas artes, soledad donde mi corazón está siempre inmerso en una profunda paz. Es usted quien otorga la felicidad que prometía en vano el mundo".

Por correspondencia de Voltaire descubierta hace muy pocos años, se sabe de esta relación con su sobrina. Fue intensamente apasionada, altamente erótica. Algunas de las expresiones que él volcaba en sus cartas a ella eran de este estilo:

"*Unos pocos instantes en tu compañía y ya olvido todas mis penas.*"; "*Mi alma te pertenecerá para siempre.*"; "*Siempre serás mi amada*"; "*Desearía vivir a tus pies y morir en tus brazos.*"; "*Nunca seré feliz hasta que pueda vivir contigo. Mil besos en tu lindo culo y toda tu adorable persona.*"

También se ha sabido que Voltaire utilizaba el italiano cuando se excitaba: "*Mia cara...*", le decía a su sobrina amada.

campo del Duque de La Vallière y su esposa, situada en una localidad en las afueras de París, en Seine-et-Marne, denominada Champs.

Durante el siguiente otoño, una mujer de unos treinta y dos años, no muy agraciada, pero de gran simpatía y seducción, se estableció en París, en una casa de la calle Pavée. Instaló allí, al poco tiempo, una tertulia de amigos y admiradores de Voltaire, la que atrajo inmediatamente a éste, que era en realidad su tío.

La joven viuda, la señorita Denis, había abandonado ya el período de luto.

Progresivamente, las visitas de Voltaire a la casa de su sobrina se hicieron más asiduas. Cada vez que se quedaba solo, porque Emilia había salido para una partida de cartas o a fiestas a las que él no había sido invitado o no deseaba concurrir, pasaba la velada con la joven.

No pasó mucho tiempo en caer en brazos de ella, en un ardiente reverdecer amatorio, ya que él mismo se había considerado viejo para los asuntos del amor. La relación fue muy secreta y muy apasionada. Ni Emilia ni ninguna otra persona descubrió jamás estos amores que, por otra parte, no eran prohibidos ni para la época ni para los franceses, ya que eran comunes las relaciones de parejas con este parentesco entre sus integrantes.

En la vida de Emilia, sus hijos jamás ocuparon un lugar de relevancia en la órbita de sus afectos. Y mucho menos su hija mujer. En ese invierno, ésta fue sacada del convento en el que había sido recluida, apenas cumplió los dieciséis años, para entregársela en matrimonio al Duque de Montenero, un viejo noble conocido por su prominente nariz, que se la llevó a vivir a Italia. Nunca más volvieron a verse madre e hija.

Los meses pasaron y llegó el verano. Transcurría el 1745. Emilia se traslada de la casita del número 13 del Faubourg Saint-Honoré a una casa de la calle Traversière, en la que Voltaire ocupa la totalidad del primer piso.

Francia estaba en guerra. El Marqués Du Châtelet fue ascendido al grado de general por Luis 15, a raíz de su desempeño en ella. Voltaire, con mucho prestigio ahora en la corte, pasó un largo tiempo en Etioles, mientras Emilia, en París, alternaba sus visitas a Versalles con las mesas de juego, en las que solía permanecer hasta las cuatro o cinco de la madrugada, perdiendo casi siempre fuertes sumas.

Se la veía en esa época muy envanecida y dándose aires de un poder creciente debido al alto rango militar de su esposo, el que le había conferido algunos privilegios de los que hasta ese momento no había gozado y que sólo se dispensaban a las duquesas.

Los dos estaban en un momento culminante de sus vidas, en cuanto al prestigio que habían logrado en la sociedad. Pero no tardaron mucho en deteriorarlo, hasta tal punto que amigos de la pareja se mostraron muy preocupados. Emilia tuvo un infantil altercado de protocolo por el que debió disculparse ante la misma reina, y Voltaire irritaba al monarca por su manera de ser y por las cosas que decía. La pareja, además, no despertaba el afecto de los no-

Grabado de J. Chartier

Grabado de Gillard Glindoni

bles y de la alta sociedad, ya que a cuanta reunión concurrieran se aislaban, no hablaban con los demás y no hacían el menor esfuerzo por parecer agradables.

Seguramente, lo que sostenía la pareja de Emilia y Voltaire era, en lo más profundo, su mutua cooperación en las pasiones que los dos tenían. Lo que, a lo largo de los años, había ido consolidando la práctica imposibilidad de separarse, ya que no podía existir otra persona que con tal complejidad y riqueza ocupase ese lugar en cada uno, es decir, el de conocedor, contenedor y admirador del otro.

En este momento de la vida de ambos, a mediados de 1746, otra crisis se avecinaba. Por el lado de Emilia, su afición al juego era creciente y deseaba permanecer en París. Voltaire estaba distante: al trabajo en sus obras, siempre complicado en la ciudad y más aún en las proximidades de la corte, ya que la falta de tranquilidad le hacía perder la necesaria concentración, se sumaban sus constantes dolencias provocadas generalmente por los nervios ante los compromisos cortesanos, y la presencia absorbente de la señorita Denis, con la que proseguía su secreta y volcánica relación. Desinterés al que Emilia ahora correspondía de la misma manera, dejándolo solo y buscando la felicidad en el juego.

De este modo, en lugar de dirigirse a la casa y a la tranquila campiña de Cirey, donde ambos volvieran a recomponer no sólo la relación mutua sino también el propio desarrollo personal, tal como lo habían hecho en el pasado, Emilia partió hacia Fontainebleu, sede de la Corte, arrastrando a Voltaire detrás de ella.

Y esto produjo una cascada de acontecimientos desastrosos. Los primeros fueron de índole doméstica. Emilia, que nunca se ocupó eficientemente de la casa y de la servidumbre, tuvo que enfrentar una rebelión de ésta dado que, al no ser bien tratada y al no obtener un aumento debido a que Fointainebleu era mucho más caro que París, se le fue en su totalidad. Y si bien logró finalmente reemplazarla, lo hizo a los apurones, y sin efectuar una buena selección, lo que produjo una infinidad de trastornos cotidianos. Voltaire, a su vez, perdió a su casi imprescindible secretario por una enfermedad repentina, y lo reemplazó con un pícaro criado que hasta le robó y malvendió algunos de sus manuscritos.

De todos modos lograron instalarse en la mansión de Richelieu, estando el duque ausente. Y allí Voltaire prosiguió con el trabajo sobre sus obras, y Emilia se lanzó desenfrenadamente a jugar. Pero este desenfreno tuvo graves consecuencias. Noche a noche sus pérdidas fueron cada vez más fuertes, hasta que acabó con todo el dinero que los dos habían traído. Sin poder contenerse, se endeudó, pidiendo grandes sumas en préstamo, que también perdió rápidamente. Todo esto tenía fuera de sí a Voltaire, al que le disgustaba el juego. Una noche, estando él detrás de ella observando el desarrollo de una serie de partidas en las que Emilia estaba perdiendo una cantidad inusitada, no pudo controlar su cólera y murmuró la palabra "*tramposos*" en inglés, refiriéndose a los demás jugadores. Pero éstos eran los nobles más poderosos del reino, ya que se trataba de la mesa donde solía jugar la reina. En medio del asombrado silencio que generó el epíteto, Emilia se disculpó por tener que re-

Grabado de Gillard Glindoni

tirarse y arrastró a Voltaire a su carruaje. Apenas llegados a la casa donde se hospedaban, y pese a que era ya la medianoche, ella ordenó la partida inmediata de Fointainebleu, despertando a la servidumbre. Un par de horas después estaban en camino a París, pero con tanta mala suerte que después de unos pocos kilómetros se rompió el coche y los dejó al costado del camino sin posibilidades de arreglarlo. Lo peor es que no tenían dinero ni siquiera para pagar la reparación, por lo que tuvieron que pedirle prestada una pequeña suma a un viajero proveniente de París, al que habían conocido en una oportunidad.

Voltaire no siguió viaje a la capital. Se quedó en una pequeña aldea próxima al lugar de la detención, desde donde escribió una nota urgente a la Duquesa Du Maine, una vieja conocida, rogándole que lo protegiera. Desde su palacio de Sceaux, la vieja dama, prima del rey, no sólo accedió a alojarlo y protegerlo sino que lo mantuvo oculto las siguientes semanas, haciendo correr el rumor de que se había ido al extranjero.

Entretanto, Emilia trataba penosamente de reunir los fondos para hacer frente a los prestamistas. Sólo cuando lo hubo conseguido, y gracias a que era considerada una persona sin gran respaldo, lo que le valió que le redujeran parte de la deuda por pagar al contado, Voltaire salió de su escondite y retornó a París.

Este episodio acabó con la vida de cortesano de Voltaire. Luis 15 jamás quiso volver a verlo. Y la reina tampoco, ya que el filósofo le rendía abiertamen-

GRABADO DE E. SERRA

te honores a Madame Pompadour, la amante del monarca. Por otra parte, los nobles lo recibían fríamente y todas las puertas se le entrecerraban.

Ante esta situación Emilia tomó la decisión de que partieran a pasar una temporada a una mansión veraniega de la Duquesa Du Maine, en la localidad de Anet, en Normandía. Voltaire se resistió, aunque tibiamente, y como solía suceder siguió a Emilia. Antes de partir le escribió una carta a su sobrina diciéndole melancólicamente: "*¡Todo un mes separado de ti y sin verte!*"

Del período en Normandía sólo se pueden rescatar algunos pormenores de la vida cotidiana y de las costumbres personales de Emilia, según los comentarios de la asistenta de la Duquesa de Maine, la señorita de Staal. Ésta contó que la relación entre ella y Voltaire parecía ser la de una soberana y un esclavo; que era una mujer muy vanidosa, por lo que solía vestirse demasiado suntuosamente; y que se había hecho trasladar a su habitación una gran cantidad de mesitas y gabinetes de las otras habitaciones, en los que guardaba sus papeles y sus joyas.

Al llegar el invierno, Voltaire organizó una serie de representaciones teatrales, en las que Emilia, a la que le gustaba actuar y lo hacía muy bien, lucía siempre de primera actriz, generalmente cubierta de diamantes y con ropas dignas de una reina.

Pero todo volvió a concluir muy mal, ya que Voltaire llegó a invitar hasta a quinientas personas, a las que recibía en la mansión como si fuera el dueño de la misma, lo que lo predispuso por un largo tiempo con la Duquesa de Maine, quien se sintió usada y ofendida.

El *Discurso acerca de la felicidad* fue escrito por Emilia durante estos años, entre 1745 y 1748.

Una asistenta de la Duquesa de Maine, la señorita de Staal, describió la llegada de Emilia y Voltaire a Anet, en una carta a la señorita Du Deffand fechada en agosto de 1747:

"*La señora du Châtelet y Voltaire eran aguardados para hoy, pero se presentaron ayer a medianoche, con la apariencia espectral de dos cadáveres embalsamados, oliendo a sepulcro. Estábamos en ese momento dejando la mesa, pero los fantasmas llegaron, al parecer con un hambre canina*".

Y AGREGA:

"Nuestros fantasmas no se muestran de día; y ayer no lo hicieron hasta las diez de la noche. Él está escribiendo acerca de hechos de armas y la otra está comentando a Newton. No participan ni en nuestros juegos ni en nuestros paseos; realmente, son muy poco para una sociedad que no se interesa en sus sabias elucubraciones. Y lo peor de todo es que, durante la aparición de la noche, descubrimos que la señora Du Châtelet tiene sus propias ideas sobre las reglas del juego de cartas".

Y CONCLUYE, REFIRIÉNDOSE A LAS COSTUMBRES DE EMILIA:

"Desde ayer la señora Du Châtelet está en su cuarto alojamiento. Finalmente no pudo aguantar el que ella misma había elegido, porque es ruidoso y hay en él humo sin fuego (podría ser éste muy bien su propio emblema)".

Ya plenamente asumida por Emilia la actitud que va a describir en sus reflexiones acerca de la felicidad, en el sentido de romper definitivamente la relación con Voltaire, es ahora él el que se niega a semejante paso. Con diversas excusas, que en realidad escondían el hecho de que no podía vivir sin el sostén anímico y espiritual de ella. Como había entrevisto correctamente la señorita de Staal, ella era la reina y él su siervo. Y lo de los dos, un matrimonio estructurado, con sus momentos felices y sus disputas, cuyos integrantes cooperaban el uno para el crecimiento y el desarrollo del otro.

Durante el invierno de fines de 1747 vivieron en la casa de la calle Traversière, en París. Clairaut, un brillante hombre de ciencia y pensador, iba todos los días a ayudar a Emilia en la traducción de Newton. En una oportunidad Voltaire entró violentamente en las habitaciones de ella y los encontró en algo muy diferente al mero estudio de la Física. Su reacción entonces fue asombrosa, ya que comenzó a gritar diciendo que ellos estaban confabulando para matarlo, y cosas por el estilo. Clairaut se escabulló sigilosamente y Emilia, mientras cenaban, logró calmarlo y ponerlo de buen humor.

Las disputas de la pareja fueron constantes en estos tiempos.

El primer día del 1748 partieron hacia Cirey. Y otra vez el viaje fue calamitoso: el carruaje en el que viajaban apretujados junto con la doncella de Emilia rompió uno de sus ejes y volcó estrepitosamente. La joven, Emilia y Voltaire, chillando despavoridos, tuvieron que ser rescatados tironeando de sus piernas por una de las puertecitas. La nieve los rodeaba. El cielo nocturno estaba cubierto de estrellas. Mientras aguardaban el auxilio, y después de reponerse del susto, poco a poco dejaron de temblar y comenzaron a descubrir y a señalar las constelaciones, a conversar acerca del universo, a maravillarse hasta tal punto frente a tanta belleza que se sorprendieron y se molestaron cuando llegó un grupo de campesinos para brindarles ayuda.

Existía otro reino entonces en Francia, "tolerado" por Luis 15: el del padre de la reina, el rey Estanislao, que había sido expulsado dos veces del trono de Polonia, de donde era oriundo y, por el casamiento de la hija, había asentado sus dominios en la región de Lorena, teniendo su pequeña Corte compuesta casi toda por emigrantes polacos y con sede en la ciudad de Lunéville.

El rey Estanislao, como el rey de Francia, tenía su reina y también su amante oficial. Ésta era la Marquesa de Boufflers, una joven bellísima, capaz de serle infiel hasta a sus múltiples amantes, muy pragmática y según los cronistas de la época, absolutamente adorable.

Su último amante conocido a principios de 1748 era un amigo del anterior amante, de nombre Saint-Lambert, un militar y poeta de mediano talento, pero por sobre todo un seductor nato, un fascinador de señoras, serio casi hasta la frialdad, distante, de aspecto romántico. Para dar una idea de su empeño seductor, bastaría decir que conquistó a la amante de Jean-Jacques Rousseau, la señorita de d'Houdetot, quien abandonó por él al filósofo; y se convirtió posteriormente en el amante de la Marquesa de Boufflers.

GRABADO DE E. SERRA

JEAN-FRANÇOIS, MARQUÉS DE SAINT-LAMBERT (1716-1803) ERA OFICIAL DE LA GUARDIA DEL DUQUE DE LORENA, Y FRECUENTABA LA CORTE COMO PROTEGIDO DE LA SEÑORITA DE BOUFFLERS.

GRABADO DE C. SCHWENINGER

Sin embargo, pese a estos antecedentes de robar corazones de mujeres ajenas, Saint-Lambert era capaz de amar y de tener constancia en un amor. Y, además, era un hombre orgulloso en sus conquistas y no le gustaba que fueran las mujeres las que lo abandonaran a él. De ahí que cubriera de reproches a la Marquesa de Boufflers cuando ésta lo dejó por un oscuro e ignoto vizconde, en cuanto se ausentó un corto tiempo debido al cumplimiento de sus tareas militares.

Estando así las cosas, el rey Estanislao decidió invitar a Voltaire y a Madame Du Châtelet a que pasaran una temporada en Lunéville, invitación a la que éstos accedieron muy gustosos. Al llegar fueron alojados en el palacio: Emilia en las habitaciones de la planta baja, que habían sido de la reina de Polonia, ya fallecida, y Voltaire en las del segundo piso, estando unidas las mismas por un pasaje y una escalera secreta.

La estadía allí se convirtió muy pronto para Voltaire en poco menos que desagradable, ya que anhelaba volver a París y a los brazos de su sobrina. Pero Emilia, en cambio, estaba sumamente contenta, ya que era muy considerada en esa pequeña corte, y podía jugar horas enteras, en medio de una pompa y un boato como sólo se veía en la corte de Luis 15.

Pero poco después va a comenzar a producirse una sucesión de acontecimientos que tendrán gran trascendencia en la vida de Emilia y también en la de Voltaire. Lo que originó la secuencia fue la pérdida de su condición de amante de la Marquesa de Boufflers por parte de Saint-Lambert. Es que esto sacudió de tal manera al conquistador que, como suele suceder, quedó intensamente ligado a la joven. No dejaba de padecer la pérdida y no se conformaba con su suerte. Por lo que buscó a su alrededor una mujer con la suficiente importancia como para dar celos a la marquesa. Y se encontró con Emilia, dispuesta siempre a una relación de ese tipo, con la que flirteó en los salones, insinuándosele con mayor vehemencia cuanto más próxima se hallaba aquélla a quien quería reconquistar.

Pero Emilia avanzó por sobre los galanteos del salón y se enamoró perdidamente de él. Y hasta tal punto, que de inmediato le confesó su exaltado sentimiento a la misma Marquesa de Boufflers, quien, muy complacida por el curso de los acontecimientos, le entregó la llave de un pequeño cuarto secreto con una cama y todos sus deseos de que la nueva pareja fuera feliz.

El primer sorprendido por la dimensión que habían alcanzado los hechos fue el propio Saint-Lambert. Y más cuando comenzaron a lloverle las cartas de Emilia, más propias de una colegiala adolescente ante su primer amor que las de una mujer de cuarenta y tres años, diez más que los que tenía el hombre del que estaba enamorada. Son cartas de murmullos y ronroneos amorosos, con planes para el futuro del amor con él.

De todos modos, la relación prosperó. Saint-Lambert no sentía lo mismo hacia ella, pero prefirió no herir a Emilia y dejar que la pasión se extinguiera por sí misma. Ella no desconocía todo esto, pero sólo le importaba seguir amando. Sabía que eso era la culminación de la mayor felicidad posible, especialmente para una mujer.

Por otra parte su relación con Voltaire se mantenía inalterable. Hacía mu-

Una breve nota de Saint-Lambert a Emilia:

Es muy dulce despertarse y leer sus cartas encantadoras y disfrutar de la felicidad de amarla y de ser correspondido. Creo que ya nunca podré prescindir de ellas, puesto que son la alegría de mi vida. Nunca ha sido Usted más tierna, más adorable, más adorada.

Emilia a Saint-Lambert:

...le juro que mi corazón está lleno de usted y no se puede ocupar de otra cosa.

EMILIA A SAINT-LAMBERT:

Soportaré todas las incomodidades,
haré cualquier cosa por verle y por
vivir con usted.

EMILIA A SAINT-LAMBERT:

...me escribe una carta de lo más
seco, y, salvo la despedida, no es
posible que sea más cruel.
No es amor ser tan impertinente e
insensible, ni tratar a la amada
con tanta arrogancia, ni estar
dispuesta a abandonarla.

EMILIA A SAINT-LAMBERT:

Tiene que amarme más, y observo
con dolor que me ama
mucho menos; no debería amarle
tanto, pensar tanto en usted.

EMILIA A SAINT-LAMBERT:

En nombre del amor no vuelva
a afligir mi corazón,
no me escriba cartas tan crueles,
ámeme, espéreme...
...le adoro, le adoro.

cho que no hacía el amor con él y sospechaba que algo más había fuera de sus enfermedades reales o imaginarias. Así que no sentía que lo traicionaba con ese amor desorbitado por Saint-Lambert.

En la primavera de 1748 Emilia y Voltaire tuvieron que viajar a Cirey. Y aprovecharon la periódica visita que efectuaba por esa fecha el rey Estanislao a su hija, la reina. En los días previos a la partida, Emilia viajó con Saint-Lambert a Nancy, donde estaba asentado su regimiento, mientras Voltaire era entretenido con mucha dedicación por la Marquesa de Boufflers. Al reunirse para encaminarse por fin a la casa de los Du Châtelet, a ambos se los vio de muy buen ánimo. Emilia, especialmente, estaba eufórica, rejuvenecida, expuestamente enamorada.

Pero comenzaron a atormentarla los celos. No desconocía la atracción y el poder casi absoluto de la amante oficial del rey Estanislao sobre el hombre objeto de su amor. Por lo que le escribió a éste un sinfín de cartas, hasta que logró que el militar se hiciera una escapada de un día a Cirey.

Sin embargo, no había manera de velar lo que se percibía con tanta claridad: en Saint-Lambert crecía la indiferencia hacia ella, no estaba de ninguna manera enamorado, correspondiéndole en sentimientos, y hasta a veces se tornaba desabrido, lejano, desatento.

Y esto, en vez de desanimar a Emilia, la acicatea aún más. Después de una breve temporada en Cirey vuelve a arrastrar a Voltaire a Lorena, quien parte contra su voluntad y muy enfermo, pero obedeciéndola, como siempre. Allí, con alguna contrariedad, Emilia vuelve a los brazos de su amante, un amante que no la ama y que ama a otra.

Pero a fines de 1748, Emilia y Voltaire deciden retornar a Cirey. La situación para ambos había vuelto a ponerse adversa en la pequeña corte. El clérigo confesor del rey Estanislao había comenzado una campaña muy intensa contra los dos. Y era preferible alejarse por un tiempo.

Ya en su casa, Emilia se dedicó de lleno a Newton. Quería terminar la traducción y el prefacio de una buena vez. Y confiaba en que la tranquilidad imperara en los próximos meses. Ya había arreglado con Saint-Lambert cartearse a diario.

Unas semanas más tarde, Voltaire percibió un cambio en Emilia. Como rara vez había sucedido se la veía deprimida pero a la vez crispada, tensa. Por lo que insistió una y otra vez hasta que ella le confesó la razón: estaba encinta, sin lugar a dudas. Y esto, en una mujer de cuarenta y cuatro años, era entonces de una gravedad inusitada.

Voltaire tuvo hacia ella una actitud de gran afecto, de contención y de ayuda. Sabiendo que era producto de las relaciones con Saint-Lambert, le escribió a éste para que viajase de inmediato. Y hasta que él llegó se dedicó a calmar a Emilia, la que estaba doblemente angustiada, porque al temor por el parto se sumaba la preocupación de tener que decírselo a su esposo, el Marqués Du Châtelet, con quien hacía muchos años no tenía relaciones amorosas.

Grabado de G. Papperitz

Detalle de un grabado de E. Percy

Saint-Lambert arribó a las pocas horas, después de una marcha forzada a caballo. Y los tres se pusieron a reflexionar sobre el suceso para encontrarle una solución.

Y la hallaron. Emilia escribió enseguida a su marido, que estaba con su regimiento en Dijon, para que regresase a Cirey por unos días, ya que necesitaba hablar urgentemente con él. Cuando el marqués arribó, todo Cirey era una fiesta. Voltaire y Saint-Lambert eran los perfectos anfitriones, a pesar de ser visitas. Todo lo que se llevaba a la mesa eran manjares. Reinaba la alegría y el buen humor.

A la segunda noche, Emilia apareció en la espléndida cena que se sirvió cubierta de diamantes y con un vestido muy escotado y provocativo, ya que dejaba sus pechos casi totalmente al descubierto. Sentada frente a su esposo no dejó de seducirlo y de echarle miradas ardientes, mientras Voltaire divertía a todos los comensales con divertidísimas anécdotas.

A los postres, el marqués le susurró al oído a su esposa que le encantaría hacer el amor con ella como antes. A lo que Emilia, incorporándose, respondió con una rotunda y casi indignada negativa. Pero él insistió una y otra vez hasta que ella finalmente consintió.

Las siguientes tres semanas fueron de una segunda luna de miel para los Châtelet, ante el beneplácito de sus huéspedes, que no cabían de satisfacción y de alivio al ver que todo se encaminaba tal como lo habían dispuesto.

Antes de partir de vuelta a Dijon, Emilia le comunicó a su marido que iba a ser padre otra vez. Éste se alegró sobremanera y partió muy feliz después de recibir calurosas felicitaciones.

La vida retornó entonces a la normalidad. Saint-Lambert volvió a su regimiento en Nancy, y Emilia y Voltaire emprendieron el viaje tan deseado por él a París.

Los meses del embarazo transcurrieron para Emilia con los contrastes propios de la situación que atravesaba. Tenía mareos, dolores de cabeza, algunas molestias, y también momentos de melancolía y de depresión provocados por su relación con Saint-Lambert, cada vez más frío e indiferente.

Pero la mayor preocupación de Emilia era acerca del sitio donde daría a luz, ya que era necesario hacerlo lo más discretamente posible: era posible que finalmente su marido fuera advertido del engaño; el que una mujer de su edad quedara encinta era visto como una imprudencia y una imprevisión casi imperdonable en el ambiente en el que se movía; y, por último, su hijo no veía con buenos ojos la llegada de otro heredero, y tan tardío.

Pero muy pronto logró solucionar este problema. El rey Estanislao dispuso todo lo necesario para que tuviese su hijo en Lunéville.

Más tranquila, Emilia se dedicó a terminar su trabajo sobre Newton. Convivía con Voltaire, trabajando muchas horas diarias, y no concurría a las cenas y fiestas de la sociedad parisina ni recibía a nadie en su casa, salvo a su profesor y ayudante Clairaut.

FRAGMENTO DE UNA CARTA DE EMILIA A SAINT-LAMBERT:

...Usted quiere quedar en condiciones de liberarse de mí para siempre, si es que así le conviene, y, sin embargo, pretende conservar el derecho de reprocharme lo que se le ocurra...

FRAGMENTO DE UNA CARTA DE EMILIA A LA MARQUESA DE BOUFFLERS (3 DE ABRIL DE 1749):

Estoy preñada y ya se puede imaginar mi angustia, mi miedo por mi salud, hasta por mí misma vida; me siento ridícula teniendo una criatura a los cuarenta y lo siento mucho por mi hijo.

FRAGMENTO DE UNA CARTA DE EMILIA A SAINT-LAMBERT:

...No amo a Newton. Estoy acabando su traducción porque es razonable y honroso que lo haga. Pero sólo lo amo a Usted.

Fragmento de una carta de Emilia a Saint-Lambert (sábado 31 de agosto de 1749, por la noche):

Cuando estoy con Usted, puedo soportar mi estado y muchas veces apenas lo advierto, pero, cuando se me va, todo a mi alrededor se vacía. He ido hoy a mi pequeño cuarto y mi vientre está tan caído, me duelen tanto los riñones y me siento tan triste que no me sorprendería que tuviera la criatura esta misma noche.
(...)
Lo dejo porque ya no puedo escribir más.

A fines de junio de 1749, Emilia y Voltaire partieron hacia Cirey, con un tiempo aún muy frío. Saint-Lambert se había comprometido a unirse allí con ella, pero a último momento se arrepintió y le escribió explicándole que prefería verla en Lunéville, más adelante.

Y así fue, ya que ella y Voltaire viajaron quince días después hacia el palacio de Lorena. Pero durante esas dos semanas, aún en Cirey, Emilia se empeñó en dejar arreglados todos sus asuntos, previendo un fatal desenlace. Con tristeza escribió cartas despidiéndose de sus amigos, hizo paquetes con sus manuscritos y los dio en custodia.

Recién después partió.

Durante el último tiempo del embarazo, Saint-Lambert se comportó con mucho afecto hacia ella. Y lo mismo sucedió con la Marquesa de Boufflers. Todos estaban muy preocupados por lo que podía sucederle. Emilia había aumentado mucho de peso y tenía grandes dolores en la espalda. Se la veía al borde del agotamiento físico por todo lo que había trabajado en París. Voltaire estaba cada vez más nervioso.

El 3 de setiembre de 1749, Emilia estaba sentada en su escritorio. Tenía cada vez más periódicas contracciones. En una de ellas, algo se escurrió entre sus piernas. Era una niñita. La criatura había nacido tan fácilmente que la doncella no había tenido tiempo ni siquiera de ponerse un delantal. Y mientras su madre se reponía y se metía en su lecho, fue colocada sobre las páginas de un gran libro abierto. Unos minutos después ambas dormían plácidamente.

La buena nueva del fácil alumbramiento alegró a todos y en especial a Voltaire, quien comunicó a todos la feliz noticia.

Pero durante el día siguiente Emilia tuvo palpitaciones y crecientes dificultades con su respiración. Como no mejoraba, se llamó de inmediato a unos médicos de Nancy. Éstos le recetaron algunos sedantes, que la hicieron descansar. Al anochecer el Marqués Du Châtelet y Voltaire fueron a una cena con la Marquesa de Boufflers, al ver que la enferma estaba mejor. Saint-Lambert permaneció junto a la cabecera del lecho, conversando con ella, hasta que advirtió que se le entrecerraban los ojos y se quedaba dormida. Se apartó entonces y cruzó la habitación sin hacer ruido para unirse con los dos criados y la doncella que aguardaban allí. En ese momento oyeron unos casi imperceptibles ronquidos de ella, y al aproximarse observaron su absoluta inmovilidad. Trataron infructuosamente de reanimarla palmeándole las manos. Emilia había muerto.

GRABADO DE L. ALMA-CADEMA

DESPUÉS

Después de contemplar su cuerpo por unos instantes,
Voltaire caminó como un sonámbulo y arrasado por las lágrimas hacia la escalera que daba a la terraza. Al llegar allí se desplomó y rodó por los escalones golpeándose la cabeza contra las baldosas.
Al percibir a Saint-Lambert, que había corrido a ayudarlo, le recriminó con infinita tristeza:

¡Ah, mi amigo: es usted quien me la ha matado...!

•

Acongojado, Voltaire escribió en las horas siguientes:
Nunca acabarán de correr mis lágrimas.

Mi única esperanza es reunirme pronto con ella.

No es una amiga lo que he perdido, sino a la mitad de mí mismo; un alma para la que mi alma parece haber sido hecha.

•

La pequeña hija de Emilia falleció algunos días después de haber nacido.

GRABADO DE G. VON ROSEN

DETALLE DE UN GRABADO DE G. VASTAGH

•

Voltaire pasó por Cirey, después del entierro, y volvió rápidamente a la casa de la calle Traversière, en París.

Estaba destrozado. Le había escrito a su sobrina:

Mi querida niña: acabo de perder a una amiga de veinte años. Es espantoso haberla visto morir en tales circunstancias y por ese motivo.

•

El rey Estanislao le dio a Madame Du Châtelet un entierro oficial.

•

Voltaire se fue a vivir poco después con su sobrina y continuó con ella casi treinta años más.

•

De Saint-Lambert sólo se supo que vivió con la familia d'Houdetot hasta su muerte. Se cree que fue él quien destruyó toda la correspondencia de Emilia con Voltaire.

•

El Marqués Du Châtelet vivió hasta los setenta años. El hijo de Emilia llegó a poseer el título de duque, fue embajador del reino y murió guillotinado a los sesenta y seis años, durante la Revolución.

La familia Châtelet se extinguió.

Bibliografía

• *Una curieuse amie de Voltaire: la Marquesa Du Châtelet*
G. Lenotre de la Academia Francesa
Revista "Historia" Nº 121.

• *Lettres de la Marquise Du Châtelet*
Edición de Theodore Besterman
Ginebra, Suiza, 1958, Vol. 1 y 2
Traducción de Hernán Rodríguez.

• *Discours sur le bonheur*
Les Belles-Lettres, París, Francia, 1961.

• *Discorso sulla felicitá*
Edición de María Cristina Leuzzi
Palermo, Sellerio, 1993.

Este libro se terminó de imprimir en
IMPRESIONES AVELLANEDA S.A.
Manuel Ocantos 253
Avellaneda - Buenos Aires
febrero de 1999